몰타 아는 사람, 손!

초등 두 아이와 몰타 일 년 살기

몰타 아는 사람, 손!

더하기 유럽 여행

비비에세이

글다락방

프롤로그

코로나 때문에 떠났던 몰타였다. 그런데 이제는 코로나 덕분에 다녀올 수 있었던 몰타로 기억한다. 2020년과 2021년 한 번도 겪어보지 못한 코로나라는 역병에 아이들은 매일 가던 학교뿐 아니라 집 밖으로 한 발짝도 나가지 못했던 날들이 무수히 많았다. 아이들도 힘겨운 시간을 보내고 있었지만, 무엇보다 내가 살고자 선택한 도전이었다.

이 시기에 외국에 나간다고? 그것도 아이를 둘이나 데리고? 단 한 사람도 우리의 몰타행을 선뜻 응원하는 사람은 없었다. 몰타행 비행기에 오르기까지 주어진 시간은 단 2주. 어쩌면 도전이었고 어쩌면 모험이었던 몰타 일 년 살기. 성공과

실패가 아닌 경험이라는 값진 선물을 아이들에게 주고 싶었기에 우리는 목표를 초과 달성하고 돌아왔다고 생각한다.

이십 대의 나는 뉴질랜드 워킹 홀리데이를 통해 땀 흘린 후 마시는 시원한 맥주 한 잔의 청량함을 알게 되었고 싱가포르 공항에서 인턴으로 근무하며 저렴한 비행기 티켓으로 다양한 나라로 여행할 수 있는 호사를 누리기도 했다. 여행자로 낯선 세상과 새로운 사람을 만나며 깨달았다. 나라는 사람은 여행을 통해 삶의 에너지를 얻는다는 것을. 여행지에서 우연히 만난 외국인 친구와 이십 년 넘게 안부를 주고받으며 서로의 인생을 공유하는 색다른 경험을 우리 아이들도 꼭 해봤으면 하는 작은 바람이 있다. 부모로서 아이에게 줄 수 있는 건 다양한 경험을 통한 깨우침이라고 생각한다. 스스로 깨질 때 삶은 온전한 방향을 찾아갈 수 있다고 믿는다.

몰타에 다녀왔다고 하면 꼭 한번 되묻는다.

"어디라고요?"

"몰타요. 이탈리아 밑에 있어요."

이탈리아까지 말하면 사람들은 그제야 고개를 끄덕인다. 몰타라는 나라에 대해 모르는 사람이 대부분이다. 아이들은 몰타에서 지내는 동안 영어의 필요성을 몸소 느꼈고 배드민턴, 수영, 홀스레이싱 등 다양한 운동도 배웠고 더불어 저렴한 비용으로 유럽의 여러 나라를 다녀올 수 있었다. 무엇보다 좋았던 건 지중해를 내 집 수영장 삼아 마음껏 누린 것이었다. 초등 아이와 해외에서 일 년 살기를 꿈꾸는 누군가에게 몰타가 하나의 대안이 될 수 있기를 바라는 마음으로 글을 쓰기 시작했다.

몰타에서 지내는 동안 모든 순간이 반짝였던 것은 아니지만 해가 날 때도 비가 내릴 때도 우리 곁에는 좋은 사람들이 있었다. 몰타에서 사는 시간과 공간은 한국과 다를지 몰라도, 삶의 향기는 별반 다르지 않음을 사람을 통해 깨달았다. 아이들과 함께 보낸 달콤 쌉싸름한 몰타의 일상이 궁금할 누군가를 위해 흐릿해진 기억을 하나둘 다시 더듬어 본다.

혹시 몰타 아세요?
몰타는 사랑입니다!

마노엘섬에서 바라 본 발레타

Contents

프롤로그 4

Part 1
초등 두 아이와 몰타 일 년 살기

탈출 13

낯선 땅에 착륙 18

고마워 넷플릭스 24

비자가 뭐길래 28

우리 집 수영장은 지중해 35

달려라 경주마 44

숙제 미워 54

부러진 안경과 교장실의 호출 61

서머스쿨에서 웃다 69

장바구니와 도시락 73

집주인을 소개합니다 79

메리와 루이스 86

제자리로 돌아오다 91

궁금하죠? 아이들 영어 95

꿈꾸는 아이 101

Part 2
더하기 유럽 여행

우리들의 유럽 여행 이야기 110

어서와 이탈리아는 처음이지? 115

PACE 베네치아에서 화장실 찾아 삼만리 123

크루즈의 꽃은 지중해라면서요? 133

싱그러운 불가리아에서 할 수 있어! 145

이토록 슬프고도 아름다운 부다페스트 151

쏘니의 어시스트를 직관하다 157

녹지마 융프라우 168

부록

어바웃 몰타 179

몰타의 사계절 184

몰타 학교 정보 187

몰타 짐 싸기 팁 190

유용한 사이트 목록 192

에필로그 194

PART 1
초등 두 아이와 몰타 일 년 살기

탈출

코로나로 인해 세상이 멈추었다. 평범한 일상은 기억의 저편으로 사라졌다. 창밖으로 보이는 세상이 내가 누릴 수 있는 하루의 전부였고 아이들은 컴퓨터 화면으로 선생님과 친구들을 만났다. 코로나 발생 후 2년 차에 접어들었지만, 공교육은 어디에도 이정표가 없어 보였다. 학교는 문을 닫았지만 태권도 학원, 피아노 학원, 공부방은 문을 열었다. 월화수목금 그 어느 요일에도 등교하라는 학교의 공지를 못 본 지 일 년이 훌쩍 지났다. 나에게 일주일은 월화수목금금금이었다.

아이들은 아침 9시가 되면 각자 방에 들어가 온라인 수업을 들었다. 그런데 쉬는 시간마다 엄마를 찾았다. 간식 줘, 이거 안 된다, 저거 안 된다, 이거 필요해, 저거 필요해. 수업이 끝나면 나가떨어지는 건 아이들이 아니라 나였다. 화면만 켜 놓고 딴짓하는 아이들에게 다다다 잔소리 따발총을 쏘아대는 것도 한두 번이지 이러다 자폭하는 테러리스트가 될 것만 같았다. 내가 이렇게 정신적으로 나약한 인간임을 아이를 키우면서 알게 되었다. 생소한 자신을 만날 때마다 점점 작아지는 내면의 나는 언젠가는 소멸하게 될지도 모른다는 두려움이 하루하루 나를 짓눌렀다. 한 달, 두 달 시간이 지날수록 아이들도 지쳐갔다.

어제도 오늘 같고 내일도 별반 다르지 않을 것 같던 2021년 8월 어느 날, 여름방학이 끝날 무렵이었다. 2학기에는 매일 등교할 수 있을 거라고 기대했던 우리의 바람은 개학 전 뉴스 한 꼭지로 사라지고 말았다. 수도권 지역은 당분간 온라인 수업을 병행할 계획이라고 했다. 도대체 언제까지 온라인 수업을 해야 하는지 가늠조차 할 수 없었다. 숨통이 막혀왔다. 코로나로 인해 나는 사라지고 두 아이의 엄마만 현실에 존재하는 느낌이었다. 한계에 다다른 나를 이대로 놔둘 수 없었다. 준비 없이 시작된 온라인 수업으로 인해 아이들 학습 습관은 무너졌다. 나와 아이들을 위해 도망칠 곳이 필요했다.

문득 시골 학교에서는 같은 코로나 시국에도 정규 수업은 물론이고 양궁, 숲속 체험 등 다양한 방과 후 수업까지 하고 있다는 기사가 떠올랐다. '바로 이거야!' 초등학생 시절만이라도 아이를 자유롭게 키우고 싶은 나의 로망을 그곳에서 실현할 수 있을 것 같았다. 곧장 시골 유학을 검색했다. 시골 유학이야말로 도시에서 태어나고 자란 우리 아이들이 자연에서 마음껏 뛰어놀며 학교에도 갈 수 있는 좋은 대안이라고 생각했다. 아이들은 시골 유학 얘기에 지금 당장이라도 떠나겠다며 환호했고 신이 난 모습이었다.

하지만 쿨하게 승낙해 줄 줄 알았던 남편이 복병이었다. 시골에서 계속 살 생각이라면 몰라도 매일 학교에 보내겠다는 이유로 시골 학교로 전학 가는 것은 반대한다며 남편은 고개를 저었다. 그럼 이참에 아이들과 외국에 나가 영어 공부를 하고 오는 건 어떨까 하니, 남편의 표정이 달라졌다. 남편은 대학생일 때 남들 다 가는 어학연수를 못 간 것이 늘 아쉬웠다며 우리 아이들에게는 외국에서 한번 살아 볼 기회를 꼭 주고 싶다고 입버릇처럼 말하곤 했다. 남편의 "한번 알아봐"라는 말에 나도 모르게 미소가 지어졌다. 조기유학 목적지와 예상 비용 그리고 일 년간의 계획을 세우기까지 그리 오래 걸리지 않았다.

우선 조기 유학 목적지부터 검색했다. 당시 호주와 뉴질랜드는 국경이 닫힌 상태였고 미국과 캐나다는 비자를 준비할 시간이 턱없이 부족했다. 동남아로 눈길을 돌렸지만 코로나 환자가 한국보다 많이 발생하는 상황이라 우리가 갈 수 있는 나라는 점점 줄어들었다. 그러다 우연히 유튜브에서 몰타라는 나라가 대학생들 어학 연수지로 인기가 있다는 영상을 보게 되었다. 영어도 배우고 유럽 여행도 가능하다는 이야기에 구미가 당겼다. 바로 몰타에 대해서 찾아보기 시작했고 한 유학원을 통해 아이들이 다닐만한 사립학교에 대한 정보도 얻을 수 있었다. 그러나 9월 학기는 이미 마감되었다며 유학원에서는 올해는 늦었으니 내년을 준비하라고 했다. 유럽에서는 9월에 새 학년을 시작하기 때문에 보통 연초에 입학 대기를 걸어둔다고 했다. 내가 연락한 8월 중순은 신입생을 받기에는 너무 늦었다고 했다.

여기서 포기할 내가 아니다. 이미 어디로든 간다고 마음먹은 이상 한국을 떠나야 했다. 유학원 사람들을 귀찮게 했다. 몰타에 꼭 가고 싶다며 유학원을 재촉했더니 사흘 만에 회신이 왔다. 학교에 없던 자리가 갑자기 생겼다고 했다. 그럼 그렇지. 역시 모든 일에 간절함은 필수다. 학교에 학비를 송금하고 나니 유학원에서는 당장 비행기표를 알아보라고 했다. 퇴근한 남편에게 일주일 뒤 출발하는 비행기표를 끊었다고 하니 당황스러워했다. 우리가 이렇게 빨리 떠날 줄은 전혀 예상하지 못한 눈치였다. 하긴 계획부터 몰타행 비행기에 오르기까지, 정확히 2주밖에 안 걸렸으니 남편이 놀랄 만도. 가끔은 이런 나의 추진력에 스스로 놀랄 때가 있다.

비행기표를 끊고 나니 몰타에 대한 궁금증이 차올랐다. 몰타는 지중해 가운데에 있는 아주 작은 섬나라로 면적은 우리나라 강화도와 비슷하고 인구는 50만 명이 조금 넘는다. 공용어로 몰타어와 영어를 사용하며 유럽 내에서도 비교적 저렴한 물가로 생활할 수 있는 나라가 몰타라고 한다. 더욱이 우리가 일 년 살기를 떠날 무렵 몰타 내 코로나 확진자 수는 하루에 열 명 안팎으로 나에게 몰타는 마치 코로나 청정지역처럼 느껴졌다. 물론 몰타 인구 대비 확진자 수로는 엄청난 숫자일지 모르지만 그것까지 고려할 여유가 없었다. 2022년 8월 17일 기준 우리나라 코로나 확진자는 하루 18만 명을 넘어섰다. 수도권 지역에서 온라인 수업을 병행하겠다는 이유가 줄어들지 않는 저 몹쓸 숫자 때문이었다.

몰타행 비행기표를 결제한 후 나는 매일 상상했다. 가방 메고 학교로 향하는 아이들의 뒷모습을. 상상만으로도 꽉 막혔던 숨통이 트이는 것만 같았다. 우리의 몰타행은 멈춘 일상으로부터의 탈출이었고 낯선 세상으로의 도전이었다.

낯선 땅에 착륙

몰타에서 일 년 동안 살아야 하니 가져가야 할 짐이 어마어마했다. 이민 가방 두 개, 큰 여행 가방 두 개 그리고 기내용 가방까지 꾹꾹 눌러 담았음에도 짐은 계속 늘어났다. 정해진 수화물 무게를 넘기지 않으려 집에서 짐을 쌌다 풀었다 수없이 반복했지만 몰타로 출발하는 날 체크인 카운터에서 수화물 추가 비용이 있다는 이야기를 듣고 말았다. 얼마냐고 물으니 이십 만원이 조금 넘는다고 했다. 아줌마 기질을 발휘해 공항에서 여행 가방을 풀어헤쳐 다시 짐을 싸기 시작했다. 수화물 가방에서 몇 가지를 꺼내 기내용 가방으로 옮겨 담기를 여러 번, 결국 수화물 추가 비용을 내지 않고 체크인하는 데 성공했다. 짐을 부쳤으니 이제 우리는 출국장으로 들어가야 한다. 남편과 마지막 인사를 해야 할 시간. 뒤돌아서서 눈물을 훔치는 큰아이와 달리 절대 안 울 것 같던 작은아이가 공항에서 대성통곡을 했다. 아이들과 인사를 마친 남편이 나를 안아주자 꾹꾹 눌러놓았던 눈물샘이 폭발하고 말았다. 우리가 선택한 유한한 이별이었음에도 헤어짐은 낯설고 아프기만 했다. 결혼 후 이렇게 오래 떨어져 본 일이 없었기에 눈앞에 남편이 서 있는데도 벌써 곁이 허한 느낌이 들었다. 잘 지내요.

인천공항에서 직항노선이 없는 몰타는 다른 나라를 경유해야만 갈 수 있다. 우리가 탄 비행기는 인천공항을 출발해 열두 시간을 날아 터키 이스탄불에 도착했다. 이곳에서 몰타행 비행기로 갈아타기까지 두 시간이 주어졌다. 혼자 눈물 흘리고 있을 남편에게 전화해 이스탄불에 무사히 도착했음을 알렸다. 헤어진 지 하루도 안 되었건만 남편의 목소리를 들으니 다시 코끝이 시큰해졌다. 마음을 단단히 먹고 몰타행 비행기에 올랐다.

한국을 떠난 지 열여섯 시간(환승 두 시간 포함) 만에 몰타 루카 국제 공항에 도착했다. 당시 몰타에 입국하는 모든 외국인은 2주간 호텔에서 격리해야 한다는 규정이 있었지만 유학원을 통해 먼저 입국한 조기유학 가족 대부분은 호텔이 아닌 자가격리를 하고 있다는 희망적인 이야기를 들었다. 비행기에서 내려 입국심사대로 향하는 그 짧은 순간 알 수 없는 긴장에 발걸음이 쉬이 떨어지지 않았다.

어느 쪽으로 가야 자가격리를 허락해 줄까? 엄청난 선택의 기로 앞에 섰다. 나에게는 주어진 선택지는 네 개. 젊은 여성이 앉아 있는 곳, 눈썹 치켜뜬 할아버지가 있는 곳, 나처럼 아이 한둘은 있어 보이는 아줌마가 있는 곳 그리고 고된 일에 지쳐 보이는 남성이 있는 곳. 그래 선택했어! 나와 연령대가 비슷한 여성이 앉아 있는 심사대로 가자고 마음을 먹은 후 그쪽을 향해 발걸음을 옮기려는 순간, 공항 관계자로 보이는 사람이 무심히 한마디 툭 던진다. 도착한 순서대로 가라고. 순서대로 선 입국심사대에는 젊은 아가씨가 앉아 있었다.

갑자기 띠-경고음이 들렸다. 불길함은 항상 예상을 빗나가지 않는 법. 그녀는 몰타에 왜 왔냐, 언제까지 있을 거냐 이런저런 질문 끝에 규정이니 2주간 지정 호텔에서 격리해야 한다고 했다. 이런 경우를 대비해 준비한 폭풍 눈물 작전을 펼쳤다. 엄마가 눈물을 훔치니 놀란 아이들도 곁에서 Please를 연발하며 훌쩍였다. 일 년 계약한 집 서류도 보여주고 은행 잔액 증명서도 보여주고 학교에서 받은 아이들 입학허가서까지 보여줬지만, 그는 우리에게 무조건 호텔에서 격리해야 한다고 단호하게 말했다. 더 이상 애원한다고 상황이 달라질 것 같지 않아 우리는 현실을 받아들여야만 했다. 좁은 호텔 방에서 에너지 넘치는 두 아이와 14일간 격리할 생각을 하니 눈앞이 캄캄해졌다.

바로 그때였다. 영화에서 히어로가 등장할 때 들리는 배경음이 내 귓가에 울리는 것 같았다. 나의 구세주 입장하셨습니다! 하얀 머리에 후덕한 풍채를 지닌 한 남성이 우리 곁으로 성큼성큼 걸어왔다. 그는 아이들의 눈물을 살필 줄 아는 마음 따스한 공항 관계자였다. 우리가 준비한 서류를 한참 동안 살펴보던 그는 우리에게 호텔 격리가 아닌 자가격리를 허락해 주었다. 그의 배려가 첫날부터 밉상이 될 뻔한 몰타를 사랑스럽게 만들었다. 그는 앞으로 2주간 절대 집 밖으로 나가면 안 된다는 규정을 한 번 더 이야기한 후 유유히 우리 곁을 떠났다.

몰타에 도착한 지 두 시간 만에 공항 밖으로 나갈 수 있었다. 습기 가득한 공기 한 모금이 콧구멍을 거쳐 목구멍으로 훅 들어왔다. 영혼을 다 쏟아부은 입국 심사 덕에 여기가 몰타인지 한국인지 동남아인지 공기만으로는 구분이 되지 않았다. 유학원 원장의 차를 타고 버스가 다니기는 할까 싶은 좁디좁은 도로를 한참 달리니 상아색 건물들이 끊임없이 이어졌다. 대로에서 벗어나 좁은 골목길로 들어서자 하얀색 발코니가 예쁜 집이 나타났다. 원장은 여기가 우리가 살게 될 집이라고 했다. 하얀 대문을 열자 매끈한 대리석 바닥에 눈이 부셨고 계단 양쪽 벽면에는 화사한 그림들이 걸려있었다. 아치형 계단을 따라 올라가면 방문인지 현관문인지 알 수 없는 문이 나타났다. 문을 열면 회색 소파가 놓인 거실과 작은 주방, 거실을 중심으로 양쪽으로 방이 하나씩 있었다. 화장실은 두 개로 하나는 샤워부스가 설치되어 있었고 안방에는 욕조가 딸린 화장실이 있었다. 아이 둘과 지내기에 부족함이 없어 보이는 집이었다.

계약서를 작성하기 위해 부동산 관계자와 집주인이 거실에서 우리를 기다리고 있었다. 서류작성을 마친 후 손님들은 곧 떠났고 우리만 남았다. 집안에 고요가 찾아왔다. 인터넷도 TV도 나오지 않았다. 아이들은 한국에서 가져온 책을 읽었고 나는 짐가방을 풀기도 전에 침대 위로 픽 쓰러지고 말았다. 아이들과 무사히 몰타에 도착했다는 안도감에 긴장이 풀린 탓일까. 얼마나 눈을 감고 있었을까? 아이들이 배가 고프다며 나를 흔들어 깨웠다. 눈을 떠 집안을 한 번 둘러보니 모든 게 낯설다. 창밖으로 시선을 돌리니 아까 보았던 상아색 담장이 늘어선 골목길이 눈앞에 펼쳐졌다. 지금 우리가 있는 곳은 한국이 아니라 몰타라는 사실에 다시 심장 박동이 빨라졌다.
 만나서 반가워 몰타!

발코니에서 바라 본 몰타의 골목길

고마워 넷플릭스

우리는 2주 동안 집 밖으로 한 발짝도 나가지 않겠다는 자가격리 규정을 지켜야 했다. 코로나 시국 한국에서는 앞날이 안개 속에 갇혀있는 느낌이었다. 한국에서 탈출해 몰타에 착륙했고 격리하는 동안 비록 오갈 수 있는 곳이 거실, 방, 화장실이 전부였지만 견딜 수 있었다. 2주만 버티면 우리가 누렸던 평범한 일상을 다시 마주할 수 있다는 사실에 설레기까지 했다. 눈부신 아침 햇살에 눈을 뜨면 아이들은 줄넘기도 하고 종이접기도 하고 술래잡기도 했지만 하루가 더디 흘렀다. 아무리 찾아봐도 할 일이 없을 땐 한국에서 가져온 문제집을 아이들 앞에 꺼내놓았다. 무슨 욕심인지 한국에서도 안 풀던 사회, 과학, 국어 그리고 수학 문제집을 몰타에 바리바리 싸 왔다. 일 년 후 한국으로 돌아갔을 때 아이들이 학교 수업에 뒤처질지도 모른다는 나의 불안을 문제집으로 채워볼 요량이었다. 문제집을 본 아이들은 왜 여기까지 와서 국어 공부를 해야 하냐며 자신들은 몰타에 영어를 공부하러 왔다며 항의했다. 물론 문제집 풀기 싫어서 한 말이라는 건 알고 있지만, 가만히 듣고 보니 맞는 말이었다. 아이들도 낯선 나라에 적응할 시간이 필요했다. 결국 한국으로 돌아가기 전 수학 문제집을 제외한 모든 문제집은 처음 모습 그대로 쓰레기통으로 들어갔다. 나의 욕심이 쓸모없는 종이에 지나지 않았음을 알게 되기까지 꼬박 일 년이 걸렸다.

우리가 격리 생활을 무사히 마칠 수 있었던 이유 중 8할은 넷플릭스 덕분이었다. 엄마표 영어를 해보겠다며 아이들이 어렸을 때부터 페파피크, 립프로그, 까이유, 도라도라 등 다양한 영어 영상을 자주 보여주었다. 아무리 재미있는 영상이라도 하루에 한 시간을 넘지 않았다. 영상매체의 중독성을 너무 잘 알고 있기 때문이다. 하지만 자가격리 기간에는 시간제한 없이 넷플릭스를 볼 수 있도록 허락했다. 아이들은 날이 밝자마자 리모컨을 찾았고 잠자리에 들기 전까지 TV를 보았다. 2주 동안 넷플릭스에 올라온 어린이 영화와 드라마를 하나도 빠짐없이 보았다. 물론 자막 없이 보았다. 어떤 날은 이해가 하나도 안 된다며 한글 자막을 켜놓고 보고 싶다며 투덜거렸다. 자막을 선택하면 시청 시간을 하루에 한 시간으로 제한하겠다고 했더니 아이들은 바로 고개를 절레절레 흔들며 손사래를 쳤다. 한국으로 돌아온 후에도 아이들은 매일 한 시간씩 영어로 넷플릭스를 보았다.

격리 생활을 잘 견딜 수 있었던 나머지 2할은 몰타의 '배민'이라고 할 수 있는 'Bolt food'와 'wolt' 앱이 차지했다. 한국에서 가져온 소중한 식재료를 2주 만에 소진하는 불상사가 일어나지 않은 것도 모두 배달 앱 덕분이었다. 생수부터 시작해 과일, 채소, 공산품까지 다양한 품목을 배달시켰다. 부지런히 배달 앱을 이용한 탓에 다음 달 카드 명세서를 받은 뒤 남편에게 "미안해 그리고 사랑해"라는 카톡을 보내야 했다.

돌이켜 보면 당시 2주간의 격리 생활은 낯선 땅에서 천천히 적응하라며 몰타가 우리에게 준 휴가였다는 생각이 든다. 한국과 몰타 사이 7시간의 시차 적응에만 꼬박 2주가 걸렸기 때문이다. 좀 더 솔직히 고백하자면 두 번 다시 경험하고 싶지 않은 격리 생활이었다. 초등학교 3학년, 4학년 연년생 남자아이 둘과 24시간 내내, 14일 동안 열 평도 안 되는 공간에서 지내는 일은 생각보다 더 고통스러웠다. 5분마다 이어지는 아이들의 말다툼에 없던 이명이 생길 지경이었다. 중재자의 역할에 한계가 올 때마다 방문을 쾅 닫고 들어가면 집안은 금세 침묵에 휩싸였다. 만약 원룸인 호텔에서 자가격리를 해야 했다면 몰타 생활을 일찌감치 접고 한국으로 돌아갔을지도 모를 일이었다. 아무리 모성애가 흘러넘치는 엄마라 해도 2주가 2년처럼 더디게 느껴졌을 터.

자가격리하는 동안 우리가 왜 이곳으로 왔는지 곰곰이 생각해보았다. 코로나로 인해 멈춘 줄 알았던 세상은 끊임없이 움직이고 있었는데 우리만 '얼음'인 상태로 있었다. 그때 몰타가 슬며시 다가와 말했다.

'땡! 몰타에 온 것을 두 팔 벌려 환영해!'

비자가 뭐길래

어느 나라에 가든 외국에서 장기간 거주하게 될 때 가장 먼저 해야 할 일은 비자를 받는 것이다. 우리나라 국민일 경우 몰타에서 비자 없이 90일간 단기 체류가 가능하다. 우리처럼 일 년 동안 장기로 거주할 경우에는 몰타에 입국 후 몰타비자국(Identity Malta)에 장기 비자를 신청해야만 한다.

2021년 9월 학기 기준으로 한 유학원을 통해 총 아홉 가족이 조기유학으로 몰타에 왔다. 유학원에서는 코로나로 인해 비자 신청 방법이 바뀌었다며 학교 법인 변호사한테 비자 서류를 보내야 한다고 했다. 우리도 격리하는 동안 틈틈이 비자 서류를 준비해 변호사에게 메일을 보냈고 격리가 끝날 무렵 회신을 받았다. 회신 받은 내용을 조기유학 톡방에 공유를 했더니 갑자기 단톡방에 난리가 났다. 우리보다 앞서 몰타에 온 가족이 훨씬 빨리 서류를 제출했지만, 누구도 회신을 받지 못했기 때문이었다. 심지어 변호사에게 메일을 대여섯 번씩 보냈지만, 아무런 회신을 받지 못한 가족도 있었다. 나를 기점으로 하나둘 연락받는 가족이 생기기 시작했고 얼마 후 우리는 임시다(Msida)에 있는 몰타비자국에 비자를 신청하러 갈 수 있었다. 비자를 받기 위해 동분서주했던 지난날이 주마등처럼 스쳐 지나갔다.

비자에 필요한 서류를 받기 위해 학교 담당자를 만났고, 첫 회신 이후 또 연락이 닿지 않는 변호사를 만나기 위해 발레타에 있는 로펌에 직접 찾아가기도 했다. 비자를 신청하는 과정이 순탄치 않았지만, 몰타비자국에 다녀온 날 밀린 숙제를 끝냈다는 후련함에 모처럼 두 발 뻗고 편히 잠들 수 있었다. 비자를 받기 전까지는.

한 달 후 비자를 찾으러 갔다. 설레는 마음으로 여권 페이지를 열어본 순간 두 눈을 의심했다. '어? 이상한데? 왜?'라는 의문에 다시 한번 비자를 자세히 들여다보았다. 내려갔던 체중이 다시 급속히 차오르는 기분이 들었다. 나는 일 년 치 학비를 선납했고, 집 계약서도 일 년, 은행 잔액 증명서도 일 년

인데 겨우 6개월짜리 비자를 받은 것이다. 너무 황당해 유학원 원장에게 바로 전화를 걸었다. 원장은 "몰타는 원래 그래요. 과거에 오셨던 분들도 일 년짜리 비자를 받은 사람은 거의 없었어요"라며 그래도 6개월 받았으면 괜찮은 거라는 말로 나에게 위로 아닌 위로를 건넸다. 모든 서류를 일 년 기준으로 제출했는데 왜 6개월짜리 비자를 받았는지 이해가 가지 않았다. 힘들게 준비했던 비자를 몇 달 후 또 신청해야 한다는 생각에 현기증이 났다. 나에게 유학원 원장의 '몰타는 원래 그래요'라는 말은 이해할 수 없는 말이었다. 유학원을 너무 믿었던 것이 문제였을까? 그제야 나는 몰타 비자에 대한 정보를 수집하기 시작했다.

자칭 배 반장 출두. 우연히 인터넷 검색을 통해 몰타에서 7년간 장기 거주한 한 학부모와 연락이 닿았다. 일면식도 없는 사람이 인터넷으로 도움을 요청했는데 그분은 내가 한국 사람이라는 이유로 흔쾌히 나를 만나주었다. 자신은 7년간 몰타에 거주하면서 한 번도 학생비자를 신청해 본 일이 없다고 했다. 조기유학의 경우 학생비자가 아니라 거주 비자(ID카드)를 신청해야 한다고 했다. ID카드는 우리나라로 치면 외국인 거주증과 비슷한 개념이다. ID카드를 가지고 있으면 몰타에서 다른 나라로 여행할 경우 출입국 심사할 때도 편하고 다양한 혜택도 누릴 수 있다고 했다. 예를 들어 ID카드가 있으면 몰타 내 보건소에서 저렴한 비용으로 진료를 받을 수 있고 코로나 검사도 무료로 받을 수 있다고 했다. 이렇게 많은 혜택이 있는 거주 비자를 우리는 왜 몰랐던 것일까? 아니 유학원에서는 왜 이런 비자 정보를 몰랐던 걸까? 유학원에 대한 불신이 폭발하는 순간이었다.

우리의 경우 이미 6개월짜리 학생 비자와 가디언 비자를 받았는데 중복으로 ID카드를 신청할 수 있는지 먼저 확인해야 했다. 몰타 비자국에 메일을 보냈고 며칠 후 ID카드 신청이 가능하다는 회신을 받았다. 이대로 가만히 있을 수가 없었다. 아직 학생비자 신청이 완료되지 않은 가족이 있었기에 우리가 신청한 비자가 잘못되었다는 사실을 알려야 했다. ID카드에 대한 정보를 공유하자 다들 이건 말이 안 되는 일이라며 입을 모았다. 대책 회의를 하기 위해 학교 근처 한 조기유학 회원 집에서 유학원 원장과 부인 그리고 아홉 가족이 만났다. 사과를 기대했던 것은 아니었지만, 그들의 무책임한 태도에 목소리가 점점 높아졌다. 마지못해 그들은 우리의 제안을 받아들였고 결국 나는 두 번째 비자를 신청해야만 했다.

오롯이 혼자 힘으로 거주 비자를 신청했다. 몰타비자국에 찾아가는 일도 더는 두렵지 않았다. 그들 때문에 입은 금전적인 손해와 서류를 이중으로 준비하느라 허비한 시간이 그저 아까웠을 뿐이었다. 거주 비자를 신청한 이후 해당 유학원으로부터 마지못한 사과를 받긴 했다. 그러나 비자 문제로 인해 조기유학 회원들은 유학원과 거리가 멀어졌고 유학원의 도움이 필요한 일은 회원들끼리 서로 도와가며 해결해야 했다. 사실 유학원이 해야 할 일과 도와줘야 할 일의 경계가 모호한 부분이 있긴 하다. 하지만 회원들이 비싼 수수료를 내며 현지 유학원을 선택한 이유는 현지에서 혹시 모를 일이 발생했을 때 그들의 도움을 받고자 함이 가장 클 것이다. 설령 그들의 도움으로 해결할 수 없는 일이라고 해도 마음으로나마 의지할 누군가가 있다는 사실은 해외살이를 하는 동안 큰 위안이 되기 때문이다.

비자 문제를 시작으로 몰타 배 반장의 삶은 시작되었다. 기본적인 회화가 가능했던 나는 누군가 도움을 요청하면 외면할 수가 없었다. 한국도 아닌 외국에서 힘이 들 때 서로 의지할 수 있는 건 한국 사람밖에 없었다. 학교에서 너무 먼 집을 구해 학교 근처로 집을 새로 구해야 하는 가족에게는 부동산 중개인 역할을 했고, 이사 당일에는 계약서작성을 도왔고 살면서 집에 문제가 있을 때는 집주인과 대신 의사소통을 했다.

어떤 날은 보험 대리점에 동행해 비자에 필요한 보험 가입을 도와주었고 어떤 날은 핸드폰 문제를 해결했고, 또 다른 날에는 인터넷 문제를 해결했다. 누가 부르면 고민하지 않고 달려갔고 몰타의 거리를 수없이 누볐다. 가끔은 유학원이 도와줘야 하는 일을 내가 하고 있다는 생각에 괜히 억울한 마음이 드는 날도 있었다. 하지만 진심으로 고맙다고 말하는 이들의 얼굴을 보면 몸과 마음의 고단함은 금세 사라졌다.

몰타에서 지내는 동안 그 어느 때보다 바쁜 나날을 보냈다. 당시 몸은 힘들었지만, 나의 쓸모가 누군가에게 도움이 된다는 기쁨은 나를 더 활기차게 만들었다. 지난 몇 년간 전업주부로 살며 나에게 이따금 찾아왔던 잉여 인간의 그림자를 몰타에서는 한 번도 만나지 않았다. 그저 내가 뿌린 씨앗이 자라 먼 훗날 내 아이들에게 향기로 다가오기를 바라는 마음으로 고단한 하루하루를 견뎌냈다.

내 사랑 코미노섬

우리 집 수영장은 지중해

2주간의 자가격리가 해제되고 가장 먼저 향한 곳은 집 앞에 있는 바다였다. 9월 중순이었지만 바닷가에는 수영하는 사람들도 북적거렸다. 수영하는 사람들을 부러운 눈으로 바라보는 아이들에게 우리도 내일은 수영복을 입고 오자고 했더니 금세 표정이 밝아졌다.

몰타 바다에서 처음 수영했던 날이 아직도 생생하다. 한국에서 바다 수영할 때 구명조끼를 착용했던 경험 때문인지 아이들은 처음에는 구명조끼를 입고 바다에 뛰어들었다. 조금씩 지중해에 익숙해지면서 아이들은 구명조끼 대신 풀 누들(Pool Noodle)이라 불리는 수영 보조기구를 이용해 물놀이를 하기 시작했다. 그리고 정확히 언제부터였는지 기억나지 않지만, 풀 누들 없이도 바다에 첨벙 뛰어드는 아이들을 보고 깜짝 놀랐다. 파도에 몸을 맡기고 리듬을 타며 바다를 누비는 아이들의 얼굴에는 활기가 돌았다. 물개처럼 바닷속으로 사라졌다가 위로 솟구쳐 오르는 아이들을 지켜보고 있노라면, 그 용기가 부러우면서도 한편으로는 불안한 시선을 거둘 수가 없었다. 너무 투명해 발아래가 훤히 보이는 바다지만 한 치 앞도 알 수 없는 사람 마음처럼 언제 어떻게 변할지 모르는 게 자연이니까. 하지만 아이들은 나의 걱정 따위는 안중에도 없었다. 아이들은 지중해의 매력에 푹 빠져 매일 바다에 가자고 노래를 불렀다. 몰타에서 아이들이 만난 가장 좋은 놀이터는 지중해였다. 셀 수 없이 했던 다이빙 놀이와 소라, 꽃게잡이는 매일 해도 지치지 않는 최고의 놀잇감이었다.

우리는 집 앞바다뿐만 아니라 다양한 몰타의 바다를 만나러 다녔다. 몰타는 크게 세 개의 섬으로 이루어져 있다. 몰타의 수도 발레타가 있는 몰타섬과 고조섬 그리고 그사이에 코미노섬이 있다. 그중에서 몰타에 오면 반드시 들러야 하는 곳으로 코미노섬을 빼놓을 수 없다. 코미노섬은 에메랄드빛 바다를 만날 수 있는 곳으로 처음 코미노섬에 갔을 때 지상 낙

원이 있다면 바로 이곳이라는 확신이 들 정도로 아름다운 바다에 매료되었다. 아이들과 함께 바다로 뛰어들었다. 지중해에서 수영을? 단 한 번도 상상해 보지 않았던 일이 지금 우리에게 일어나고 있었다. 9월의 몰타 바다는 생각보다 더 따듯했다. 수경 없이도 바닷속 물고기가 어디로 가는지 알아볼 수 있을 만큼 투명한 바다, TV 화면 속에서만 보던 바다가 내 손안에 들어온 느낌이었다. 스노클링을 하며 자유로이 바다를 휘젓고 다니는 아이들의 얼굴에 웃음이 끊이지 않았다. 코로나 이전에 보았던 미소였다. 얼마나 오래 기다렸던가 이 순간을. 자연에서 누린 즐거움은 그 무엇과도 비교할 수 없을 만큼 청량했다.

황홀했던 첫 코미노섬 여행 후 아이들은 집 앞바다에서 몇 번의 수영을 더 했다. 하지만 10월이 되면서 수영을 멈추어야 할 만큼 바닷물이 차가워지기 시작했다. 겨울이 점점 가까이 오고 있음을 바다로 알아차릴 수 있었다. 아이들은 10월부터 이듬해 4월까지 기나긴 바다 수영 휴식기를 거친 후 봄이 되어서야 다시 지중해를 만날 수 있었다.

5월이 되자 다시 햇살이 뜨거워지기 시작했고 우리는 두 번째 코미노섬 여행을 떠났다. 그런데 배가 점점 본섬에 가까워지자 사람들이 바다를 가리키며 수군거렸다. 바다 위에 둥둥 떠다니는 보랏빛 물체가 하나둘 늘어나기 시작했다. 해파리 떼가 출몰한 것이다. 점점 늘어나는 해파리 숫자에 아이들의 얼굴에도 초조한 기색이 역력했다. 배가 코미노섬에 정박하자 조금 전 우려는 현실이 되고 말았다. 아이들은 해변에 있는 좁은 모래사장에서 모래 놀이와 물장난을 하다가 여기저기서 들려오는 "Jellyfish!!" 소리에 기겁하며 물 밖으로 뛰쳐나오기 바빴다. 과거의 아픈 기억이 떠올랐기 때문일 터.

몰타에서 해파리에 쏘인 경험이 있는 아이들 말에 의하면 처음에는 해파리가 스치는 순간 살이 타는 듯한 통증이 느껴진다고 한다. 해파리에 쏘이면 붉은 반점이 생기고 금세 그 자리에 물집이 잡힌다. 특히 코미노섬은 몰타에서도 해파리가 자주 출몰하는 지역으로 유명하다. 워낙 해파리에 쏘이는 사람이 많아 응급처치를 해주는 곳이 따로 있을 정도이다. 응급처치라고 해서 특별한 건 아니고 해파리에 쏘인 부위에 식초를 뿌려주는 것이 응급처치의 전부 이긴 하나, 그마저도 통증을 줄이는 데 도움이 된다고 한다. 만약 해파리에 쏘이면 가장 먼저 해야 할 일은 상처 부위를 깨끗한 바닷물로 씻어 내는 것이다. 아이들도 나도 잔뜩 기대했던 두 번째 코미노섬 여행은 해파리 떼의 습격으로 인해 허무하게 끝이 나버렸다.

한창 바다 수영을 즐기던 6월, 작은 아이도 해파리의 공격을 피하지 못했다. 하필 해파리에 얼굴을 쏘인 아이는 불행중 다행으로 통증이 심하지 않았지만, 얼굴 곳곳에 물집이 생겼다. 그리고 이튿날 우리는 비자 기간 만료로 인해 잠시 몰타를 떠나야만 했다.

불가리아에 도착했을 때 아이 피부 상태는 절정에 다다랐다. 얼굴에서 진물이 줄줄 흘렀고 몹시 가려워하는 아이를 마냥 지켜보고 있을 수만은 없었다. 숙박한 호텔에 도움을 요청해 택시를 타고 소피아 시내의 한 종합병원으로 향했다. 그런데 병원 접수처에서 이 병원에는 소아과 의사가 없으니 다른 병원으로 가라고 했다. 다시 택시를 타고 종합병원에서 가장 가까운 개인 소아청소년과 병원으로 향했다. 이번에는 의사가 아이의 얼굴을 요리조리 살펴보더니 여기서는 진료가 힘들 것 같다며 화상 전문 병원으로 가라고 했다. 의사소통이 원활하지 않으니 택시를 타고 이동하는 일도 의사와 이야기를 나누는 일도 쉽지 않았다. 두 시간 동안 택시를 타고 아이 진료가 가능한 병원을 찾아 소피아 시내를 이리저리 헤맸다. 슬슬 아이도 나도 지치기 시작했다. 아이는 몸이 힘들었고 나는 마음이 힘들었다. 병원을 찾아 헤매던 길목에서 아이가 치료는 몰타에 가서 받으면 안 되냐며 이제 그만 호텔로 돌아가고 싶다고 말했다. 아이의 말대로 소피아에서 병원을 제대로 찾을 수 있을지도, 병원에 간다고 해도 제대로 치료를 받을 수 있을지도 확실할 수 없었다. 뜨거운 태양 아래 아픈 아이를 계속 세워둘 수도 없었다. 몰타에 가면 바로 병원에 가자고 약속한 뒤 우리는 호텔로 돌아왔다. 다행히 여행이 끝나갈 무렵 아이 피부 상태는 호전되었고 무사히 몰타로 돌아갈 수 있었다.

해파리에게 쏘인 지 두 해가 다 되어가지만, 아직도 아이 얼굴에는 그때 해파리한테 쏘인 흉터가 남아있다. 가끔 얼굴에 뾰루지가 올라오면 아이는 여전히 해파리 탓을 한다. 몰타에서 해파리한테 물리고 난 후부터 자기 피부가 안 좋아지기 시작했다며 거울만 보면 해파리에 대한 원망이 가득하다. 아이가 외쳤다. "해파리 미워!"

코미노섬을 시작으로 바다 수영의 참맛을 알게 된 아이들은 비 오는 날이나 바람이 심하게 부는 날을 제외하고는 매일 바다로 출근해 수영했다. 한국과 달리 몰타에서는 학교 수업이 끝나고 나면 가야 할 태권도 학원이나 피아노 학원 일정이 없었다.

우리가 매일 내 집처럼 드나들었던 바다는 슬리에마 비치

(Sliema beach)와 마노엘섬(Manoel Island)이다. 마노엘섬은 입구까지만 차가 진입할 수 있고 그곳에서부터 십 분 이상 걸어가야 바다가 나온다. 처음으로 마노엘섬에 가던 날, 나무 그늘 하나 없는 길을 터벅터벅 걷다 보니 금세 등줄기에서 땀이 주르르 흘러내렸다. 바람 한 점 없는 날씨에 숨까지 턱턱 막혀왔다. 친구들과 장난치며 걷던 아이들도 타는 듯한 더위에 지쳐 보였다. 집 앞에 있는 바다에나 갈 걸 그랬다며 투덜거리기 시작했다. 이미 절반 이상을 걸어왔고 나도 더위에 지치기는 마찬가지. 이럴 때는 마음의 거리와 동시에 몸의 거리도 최대한 넓히는 것이 서로를 위해 최선이라는 것을 경험으로 터득했다. 아이들의 투덜거림을 뒤로한 채 앞만 보며 직진했다. 아들 둘을 키우다 보면 때로는 한쪽 귀는 닫아 두는 편이 나의 정신건강에 이롭다는 것을 깨닫는 순간이 온다. 지금이 바로 그 순간이다.

폐건물 옆으로 큰 나무숲이 나타났고 가파른 언덕을 넘어가자 윤슬이 빛나는 바다가 나타났다. 그제야 시원한 바닷바람이 솔솔 불어왔다. 뒤처져 걸어오던 아이들에게 바다가 보인다고 외치니 서로 앞서거니 뒤서거니 하면서 바다를 향해 달려갔다. 아이들은 그대로 바다에 첨벙 뛰어들었다. 짐을 내려놓은 후 나도 바다에 발을 살짝 담가보았다. 에어컨이 필요

없었다. 발만 담갔을 뿐인데 뼛속까지 시원해지는 느낌이었다. 그래 이 맛이지, 이 맛으로 바다에 오는 거지 하며 고개를 들어 마노엘섬을 찬찬히 둘러보았다. 우리가 자주 가던 슬리에마 비치보다 훨씬 더 깨끗하고 같은 지중해지만 물빛이 달랐다. 집 앞바다는 초록에 가까운 바다라면 마노엘은 초록과 파랑이 섞인 쪽빛에 가까운 바다였다.

마노엘섬의 가장 큰 장점은 해파리가 거의 없다는 것이다. 덕분에 아이들은 이곳에서 마음 놓고 수영할 수 있었다. 장점이 있으면 단점도 있는 법. 마노엘섬에는 치명적인 단점이 하나 있다. 바로 화장실이 없다는 것. 그래서? 나머지는 상상에 맡긴다. 또한 바닷가 주변에 음식점이 없으니 먹을 것을 꼭 챙겨가야 한다. 그 흔한 편의점 하나 없는 곳이 마노엘섬이기 때문이다.

비릿한 바다 냄새를 안주 삼아 마시는 시원한 맥주 한 캔은 몰타의 뜨거운 여름마저 잊게 했다. 마노엘에 어둠이 내리기 시작하면 발레타의 아름다운 야경이 파노라마처럼 눈앞에 펼쳐졌다. 까만 밤바다를 바라보며 출렁이는 파도 소리에 귀를 기울이면 세상의 시름은 잠시 잊을 수 있었다. 지중해에서 헤엄치며 몸으로 마음으로 행복을 차곡차곡 쌓아 두었다. 가끔 몰타가 그리울 때마다 추억 속 몰타 바다를 하나씩 꺼내 본다. 몰타에서의 하루하루는 자연이 주는 선물이었음을 이제야 알아차린다.

투명한 바다에 마음을 빼앗긴 아이들

달려라 경주마

몰타가 좋은 이유는 수없이 많지만, 첫 번째는 앞서 말한 깨끗한 지중해를 내 집 수영장처럼 마음껏 이용했던 것이고 두 번째는 저렴한 비용으로 다양한 운동을 배울 수 있다는 것이다. 아이들에게 스포츠 천국이었던 몰타의 운동 이야기 속으로 들어가 보자.

몰타에서 아이들이 처음 배운 운동은 수영이었다. 몰타에서는 보통 5월부터 10월 초까지는 바다 수영을 할 수 있다. 물론 그 기간이 아니더라도 수영하는 사람들을 종종 바닷가에서 볼 수 있다. 10월로 접어들면서 바닷물이 점점 차가워지기 시작했고 아이들도 더는 바다 수영을 할 수 없었다. 하루도 빠지지 않고 하던 물놀이를 못 하니 아이들이 답답해했다. 한국에서 평영까지 배웠지만, 배우다 만 수영이 늘 아쉬웠고 이참에 몰타에서 수영이나 제대로 배워보자며 인터넷 검색을 했다. 구글에 몰타 수영이라고 검색하니 '스포츠 몰타'라는 사이트가 눈에 들어왔다. 스포츠 몰타는 우리나라로 치면 공공 체육 시설과 비슷한 곳이다. 수강료도 저렴하고 심지어 겨울에는 온수 풀에서 수영을 배울 수 있다고 하니 등록 안 할 이유가 없었다. 의자에 앉아 한 시간 동안 아이들만 지켜보는 것보다 나도 같이 수영을 배우는 게 좋을 것 같아 세 명이 함께 강습을 신청했다.

첫 수영강습이 시작되는 토요일. 아직 영어가 능숙하지 않은 아이들만 수영장에 들여보내기가 내심 걱정스러웠는데 마침 아이들이 강습받는 레인이 내가 수영하는 레인 바로 맞은편이었다. 물 밖으로 얼굴만 살짝 내밀어도 아이들이 금세 눈에 들어왔다. 형제가 같은 레인에서 앞뒤로 수영하는 모습을 보니 안심이 되었다.

10월부터 시작한 수영강습은 12월이 되자 위기를 맞았다. 몰타의 겨울은 눈이 내리거나 기온이 영하로 떨어지지 않지만, 비가 자주 내리고 섬나라답게 바람이 매섭다. 특히 우리가 수영하는 곳은 야외수영장으로 샤워 시설도 외부에 있었다.

겨울철이라 수영강습은 온수 풀에서 받지만, 강습이 끝나고 물 밖으로 나오면 순식간에 온몸에 닭살이 돋았다. 재빨리 샤워를 하고 옷을 갈아입지 않으면 감기에 걸리기 딱 좋은 환경이었다.

결국 우려하던 일이 생기고 말았다. 아이들이 연달아 감기에 걸렸고 한국에서 가져온 약을 먹어도 호전되지 않아 병원 진료를 받아야 했다. 한동안 감기에 걸려 고생을 한 아이들은 야외수영장이 너무 춥다며 실내에서 할 수 있는 다른 운동은 없냐고 물었다. 수영을 배우기 시작한 지 고작 석 달 만에 그만두기에는 아쉬웠지만 다른 대안이 없었다. 여기는 한국이 아니라 몰타이고 만약 아이들이 더 심하게 아프기라도 하면 큰일이기 때문이다. 몰타 병원에서 진료받는 것도 쉬운 일이 아니다.

한 번은 작은 아이가 장염에 걸려 집 근처에 있는 세인트 제임스 병원(Saint James Hospital) 응급실에 간 일이 있었다. 소변검사에 여러 가지 검사를 받아야 한다고 말하는 의사의 말 절반 이상을 알아들을 수 없었다. 이해할 수 없었던 의학 용어는 구글 번역기의 도움을 받았고 아이는 무사히 진료를 받을 수 있었다. 그때 깨달았다. 더 이상 몰타에서 병원에 가는 일은 없어야겠다고.

비록 수영강습은 중도 포기했지만 아이들의 운동을 여기에서 멈출 수는 없었다. 한시도 가만히 있기 힘든 초등학생 남자아이가 둘이다. 아이들이 에너지를 소진해야 집안에도 내 마음에도 평화가 온다. 아이들에게 수영 말고 어떤 운동을 배우고 싶냐고 물으니, 배드민턴을 한번 배워보고 싶다고 했다. 이번에도 스포츠 몰타 사이트를 두드렸다. 역시 없는 종목이 없는 스포츠 몰타. 배드민턴 수업이 있었다. 하지만 배드민턴 수업이 있는 체육관은 우리 집에서 제법 거리가 있었다. 그곳까지 가려면 대중교통을 이용하거나 렌터카를 빌려야 한다. 넉 달 강습비가 5만 원이 안 되는 배드민턴을 배우려고 매달 50만 원이 넘는 렌터카까지 빌리는 것은 무리수였다. 우리의 선택지는 대중교통뿐. 배드민턴을 등록하기 전에 아이들에게 한 가지 다짐을 받아야 했다. 체육관에 가려면 버스를 한 번 갈아타야 하고 편도 한 시간, 왕복 두 시간이 넘는 긴 시간 동안 버스를 타야 하는데 버스 안에서 불평하지 않을 자신이 있다면 배드민턴 수업을 신청해 주겠다고 했다. 특히 큰 차만 타면 멀미가 나는 작은 아이가 걱정이었지만 배드민턴을 배운다는 생각에 신이 난 아이들은 긴 시간 버스를 타는 것이 얼마나 고된 일인지도 모르고 무작정 배드민턴 수업을 신청해 달라고 했다.

배드민턴을 배우러 가는 날, 슬리에마에서 버스를 타고 발레타 환승 정류장에 내려서 코튼네라 체육관(Cottonera Sports Complex)으로 가는 버스를 기다렸다. 한 시간에 한 대만 있는 버스를 놓치면 수업에 늦는다. 겨우 제시간에 맞춰 버스에 올랐는데 얼마 지나지 않아 작은 아이가 "엄마 너무 멀어. 속이 안 좋아. 언제 도착해?"를 계속 물었다. 이미 예상했던 시나리오였다. 곧 도착한다는 대답을 열 번쯤 했을 때 체육관에 도착했다. 미리 알려주었음에도 생각보다 긴 시간 버스를 타고 온 아이들은 강습을 받기도 전에 지친 모습이었다. 하지만 한 시간 후에 나타난 아이들 모습은 확연히 달라 보였다. 아이들의 옷은 땀으로 흠뻑 젖어있었다. 가쁜 숨을 몰아쉬며 아이가 다음 주에도 배드민턴 배우러 오겠다며 앞으로는 절대로 버스에서 불평하지 않겠다는 말을 건넸다. 그 후로 아이들은 버스를 오래 타도 언제 도착하는지 한 번도 묻지 않았다. 강습이 끝나고 집으로 돌아가는 버스 안에서 아이들은 항상 단잠에 빠졌다. 큰아이에게는 내 어깨를 내어주고 작은 아이에게는 내 무릎을 내어주며 우리는 배드민턴을 배우러 다녔다.

아이들이 좋아하는 배드민턴 수업은 주 1회 평일 수업이었고 여전히 주말에는 할 일이 없었다. 습관처럼 스포츠 몰타 사이트를 기웃거리다 'Horse Racing'이라는 강좌를 발견했다. 강습받는 곳도 집에서 가까운 거리에 있었고 무엇보다 토요일 수업이었다. 승마 수업이라고 생각하고 아이들에게 "말 타러 한 번 가 볼래?"라고 물었고 아이들은 이번에도 흔쾌히 "Yes"를 외쳤다. 몇 해 전 제주도로 여행 갔을 때 했던 승마 체험이랑 비슷할 거라고 했더니 아이들은 기대에 찬 표정을 지었다.

  수업이 시작되는 토요일 아침이 밝았다. 주말에는 버스 배차 간격이 길어서 아무래도 제시간에 도착할 수 없을 것 같아 택시를 탔다. 목적지에 도착했다는 기사의 말에 택시에서 내려 주변을 살펴보니 어딘가 이상했다. 저 멀리 흙먼지를 폴폴 날리며 경주마가 넓은 트랙을 달리고 있었다. 푸른 초원을 생각하고 왔건만 우리가 서 있는 곳은 승마장이 아닌 경마장이었다. 구글맵을 켜 우리의 위치를 확인하니 'Marsa Horse Racing Track'에 파란 점이 깜빡였다. 승마라고 생각했던 Horse Racing은 단어 그대로 경마 수업이었던 것이다.

  운동장 한편에 선생님으로 보이는 사람과 몇 명의 아이들이 모여있었다. 가까이 다가가니 작은 조랑말 여러 마리가 눈에 띄었다. 멋진 근육에 윤기 나는 말을 기대했던 아이들은 낮은 키의 조랑말을 보더니 우리가 타는 말이 맞냐며 의심의 눈초리로 나에게 물었다. 선생님에게 물었더니 아이들은 조랑말로 홀스레이싱 연습을 한다고 했다. 그는 이번이 처음인 것 같으니 말을 한 번 타보고 수업을 원치 않는다면 수강 취소를 해줄 테니 가벼운 마음으로 타보라고 말했다. 아이들도 선생님 이야기를 듣더니 고개를 끄덕였다. 말을 타기 전에 먼저 말과 교감할 시간이 필요하다고 했다. 마구간에 들어간 아이들은 말 등을 솔질한 뒤 선생님의 도움을 받아 카트(설키 Sulky)와 연결할 가죽끈을 말 얼굴에 씌웠다. 이윽고 귀여운 조랑말 한 마리가 좁은 트랙으로 나왔는데 마치 그 모습이 영화 <벤허>(2016)에 나오는 마차 같았다. 선생님은 고삐로 방향을 조절하는 법, 속도를 조절하는 법 그리고 멈추는 법 등을 아이들에게 자세히 설명했다.

수업이 끝날 무렵 작은 아이가 말을 더 타고 싶다며 나에게 선생님께 대신 물어봐 줄 수 있냐고 물었다. 하지만 수업을 듣는 학생 수는 많았고 말 숫자는 턱없이 부족해 순서대로 기다려야 말을 탈 수 있는 상황이었다. 그런데 어떤 아이들은 계속 같은 말을 타고 연습하길래 선생님께 물어보았다. 그 아이들은 자기 말로 연습하는 거라고 했다. 우리처럼 개인 말이 없는 경우에는 스포츠 몰타에서 제공하는 말을 번갈아 타야 하니 아이들은 자기 차례가 올 때까지 꽤 오랜 시간을 기다려야 말을 탈 수 있었다. 첫 수업이 끝난 후 아이들은 재미있었다며 다음 주에도 수업을 듣겠다고 했다. 아이들은 작은 조랑말이라 속도감은 느낄 수는 없었지만, 고삐 잡는 방법만 조금 배우면 자신이 원하는 방향으로 말이 움직인다는 사실에 흥미를 느끼는 것 같았다. 인생도 내가 원하는 방향으로 움직여야 재미있는 법이다.

승마인 줄 알고 신청한 홀스레이싱이었다. 이 또한 지나고 보니 나는 아이들에게 '홀스레이싱'이라는 새로운 운동을 접할 기회를 제공한 엄마가 되어 있었다. 한국에서는 상상할 수도 없는 아주 저렴한 비용(6개월간 95유로)으로 몰타에서 경주마 타는 법을 배운 아이들. 왠지 특별한 경험을 아이들에게 선물한 것 같아 엄마로서 뿌듯한 마음이 들기도 했다. 처음에는 좁은 공간에서 조랑말을 타던 아이들이 나중에는 선생님과 함께 실제 경주마가 달리는 넓은 트랙을 달렸다. 제법 빠른 속도로 말이 달리자 아이들 표정도 점점 더 환해졌다.

두 아이의 엄마가 되면서 나는 어떤 엄마가 되고 싶은지 항상 고민했다. 무엇보다 아이에게 다양한 경험을 할 수 있도록 기회를 제공하는 엄마가 되고 싶었다. 적어도 해보지 않고 후회하는 삶은 살지 않도록. 엄마의 소신대로 아이를 키우고 싶은 마음이 있지만, 주위에서 들리는 수많은 이야기에 가끔은 마음이 휘청거리기도 한다. 엄마로서 어떤 선택을 하든 용기가 필요하다. 아이도 나도 함께 행복할 수 있는 길을 선택하고 싶었다. 몰타가 그랬다. 몰타에서 홀스레이싱을 배운 아이들이 자신의 인생에서도 멋진 기수가 되어 원하는 방향으로 삶을 꾸려나가기를 바랄 뿐이다.

뭐야! 조랑말이잖아!

달려라 경주마!

숙제 미워

 결혼 전 뉴질랜드와 싱가포르에서 2년간 영어 공부도 하고 일도 했다. 결혼 후에는 어린이 영어지도사 자격증을 취득해 유치원에서 영어 강사로 일했다. 엄마표 영어가 유행하던 시절이었고 호기롭게 엄마표 영어를 아이들에게 시도했다.
 몰타에서 일 년 살기를 하고 돌아왔다고 하면 다들 몰타행 비행기에 오르기 전 아이들의 영어는 어느 정도였는지 궁금해한다. 김치를 담그려면 배추도 사고 고춧가루도 사고 여러 가지 부가적인 재료도 산 뒤 황금 레시피를 적용해야 맛있는 김치가 되는 법인데 우리 아이들은 배추를 소금에 절인 상태로 몰타행 비행기에 올랐다. 엄마표 파닉스를 끝낸 후 겨우 짧은 문장 정도 읽을 수 있었던 작은 아이와 엄마의 그늘에서 벗어나 '사교육을 한번 시작해 볼까?' 하는 마음으로 동네 영어 공부방 3개월 차에 접어들었던 큰아이. 더불어 두 아이 모두 필리핀 화상 영어를 일 년 정도 한 상태. 딱 여기까지가 아이들이 배운 영어의 전부였다.

몰타에서 아이들이 다닌 학교는 입학 시 레벨 테스트가 없었다. 1학년을 제외하고는 한 학년에 한 반뿐인 몰타 내에서도 소규모학교에 속했다. 새로운 학교에 입학해 처음 3개월이 아이들에게 가장 힘든 시기였다. 특히 파닉스만 겨우 떼고 온 작은 아이는 영어가 너무 힘들다며 학교에 다녀오면 매일 눈물 바람이었다. 시간표에는 영어, 수학, 과학, 사회 수업이었지만 아이로서는 온종일 영어, 영어, 영어, 영어 공부만 하다가 집에 돌아오는 것이었다. 영어 단어 공부를 따로 해본 적이 없던 아이는 꽃봉오리, 암술, 수정 등 과학 용어를 전혀 알아들을 수 없었다.

그리고 열정 넘치는 담임선생님 덕분에 집에 와서는 매일 엄청난 양의 숙제와 씨름을 해야 했다. 엄마가 가자고 해서 몰타에 왔을 뿐인데 여기는 숙제 지옥이라고 말하는 아이를 지켜보는 내 마음도 하루도 편한 날이 없었다. 반대로 큰아이는 매일 영어 한 장, 수학 한 장이 해야 할 숙제의 전부였다. 숙제가 적은 형이 그저 부러운 작은 아이가 자기도 그냥 형이랑 같은 반에서 공부하면 안 되냐며 6학년으로 보내 달라고 애원하기까지 했다.

입학 후 두 달이 흘렀지만 작은 아이는 여전히 숙제 지옥에서 허우적거렸다. 숙제하다가 짜증을 내거나 우는 아이를 달래는 것도 한두 번이지 시간이 지날수록 나의 인내심도 점점 고갈되었다. 가끔은 어른인 내가 봐도 숙제가 심각하게 많은 날이 있었다. 어느 날 작은 아이 학부모 단톡방에서 계속 알림이 왔다. 무슨 일이 생겼나 싶어 메시지를 읽어 보니 숙제가 너무 많아서 아이들이 힘들어한다, 숙제하느라 아이들이 놀 시간이 없다, 캐나다에서 온 아이도 숙제하는 데에만 꼬박 세 시간이 걸린다며 숙제량에 대한 학부모들의 불만이 가득했다. 숙제가 우리 집만의 문제가 아니었음을 아는 순간 책상에 앉아 숙제와 씨름하고 있는 아이 모습이 짠하게 느껴졌다. 스웨덴에서 온 한 열혈 아빠가 결국 선생님께 학부모들의 의견을 모아 전달했고 우리는 선생님의 답을 기다렸다.

담임 선생님은 소신이 있는 분이었다. 숙제는 선생님의 권한이고 숙제를 통해 학습 능률을 높일 수 있다며 학부모 의견에 동의할 수 없다고 했다. 눈앞이 캄캄했다. 이 상태로 9개월을 더 지내야 하는데 이러다 아이와 나의 관계에도 금이 갈 것만 같았다. 대책이 필요했다. 주위 사람들에게 나의 고민을 이야기했더니 몰타에서는 학기 시작 후 첫 3개월이 지나기 전에는 학년을 바꿀 수 있다는 정보를 알려주었다. 귀가 번쩍 뜨였다.

다음 날 학교장과 작은 아이 담임선생님께 4학년으로 내려갈 수 있는지 문의했다. 담임은 외국이 처음이라서 힘든 거다, 서너 달만 잘 견디면 충분히 잘할 수 있는 똑똑한 학생이라며 5학년에 머물기를 추천했지만, 내 생각은 달랐다. 아이들이 영어를 공부가 아닌 언어로 받아들이기를 바라는 마음으로 몰타에 왔다. 고작 영어 숙제 문제로 아이가 영어와 담을 쌓는 것을 두고 볼 수는 없었다. 그 후로도 선생님과 여러 번 메일을 주고받았고 아이와도 많은 이야기를 나눈 끝에 우리는 4학년으로 내려가기로 결정했다.

몰타는 1학기, 2학기로 학사를 운영하는 우리나라와 달리 3학기로 운영한다. 첫 학기는 9월 말부터 12월 중순까지로 학사일정이 끝나면 2주 정도의 짧은 크리스마스 방학이 있다. 두 번째 학기는 1월 초순부터 3월 중순까지로 중간고사를 치고 나면 부활절 방학이 있고 마지막 학기는 4월 초순부터 6월 말까지로 기말고사를 끝으로 모든 학사 일정이 마무리된다.

아이는 두 번째 학기부터 5학년이 아닌 4학년 교실로 등교했다. 석 달 만에 학년이 바뀌었으니 4학년 교재를 모두 새로 사야 했다. 새 책이나 다름없는 5학년 교재와 함께 지난 3개월간 아이의 눈물과 나의 노고도 옷장 구석으로 밀어 넣었던 날, 그저 옷장 문을 닫았을 뿐인데 이상하게 가슴이 후련해졌다.

4학년으로 등교한 첫날 집에 돌아온 아이의 표정이 그전과 사뭇 달라 보였다. 오늘 수업은 어땠는지 친구들은 좀 사귀었냐고 물었더니 4학년 수업이 딱 자기 스타일이라며 미소를 지으며 나에게 말했다. 선생님 말씀도 귀에 쏙쏙 들어오고 무엇보다 숙제가 너무 쉽다고 말했다. 숙제하는 아이 옆으로 다가가 교과서를 살펴보니 아이가 왜 수업이 쉽다고 하는지 이해가 되었다. 4학년 수학책에는 문제를 풀기 위해 필요한 직육면체, 정사각형 등 기본적인 용어에 대한 설명이 나온다. 4학년은 어떤 문제를 풀기 위한 기초적인 지식과 용어 습득에 포커스를 맞추었다면 5학년에서는 기초를 활용한 응용단계를 배웠다. 난이도가 확연히 달랐다. 파닉스만 마치고 온 작은 아이에게 필요한 것은 기초였다. 몰타에 와 처음으로 나의 도움 없이 스스로 모든 숙제를 마친 아이의 모습이 왠지 낯설었다. 사실 아이뿐 아니라 나도 비로소 숙제 지옥에서 해방된 기분이 들었다. 이제야 제자리를 찾은 아이는 학교생활에도 자신감이 붙었다. 매주 보는 단어 테스트에서 만점을 받자 선생님께서 "너는 오늘도 Perfect"라고 칭찬을 했다며 나에게 으스대며 자랑하기도 했다. 조금은 낯설지만 달라진 아이를 보니 이제야 한시름 놓았다는 안도감이 들었다.

많은 고민 끝에 학년을 바꾸는 선택을 했다. 다시 돌이켜 봐도 그 선택은 탁월했다고 생각하지만, 만약 처음부터 4학년으로 입학했다면 맛보지 못했을 경험에 의한 달콤함이라고 생각한다. 인생을 살다 보면 어떤 선택을 하든 후회를 하게 마련이다. 마흔 넘은 내가 얻은 삶의 교훈 중 하나는 타인에게 해를 끼치지 않는 일이라면 무슨 일이든 해보고 후회하는 게 안 해보고 후회하는 것보다 낫다는 것이다. 그 물이 얼마나 차가운지 깊은지는 경험한 사람만이 알 수 있다. 때로는 자신이 원치 않는 방향으로 삶이 흘러간다 해도 그 또한 경험한 사람만이 얻을 수 있는 깨달음이 있다고 생각한다. 몰타에서 지내는 동안 겪은 다양한 경험이 아이들에게도 나에게도 든든한 삶의 자양분이 되리라 믿어 의심치 않는다.

아침 햇살과 함께 등교하는 아이들

부러진 안경과 교장실의 호출

어느 날 학교에서 큰아이 안경이 부러진 일이 있었다. 평소에도 다소 거칠게 행동한다던 외국인 친구가 아이를 일방적으로 밀었고 안경이 땅에 떨어져 부러졌다고 했다. 하굣길에 만난 담임선생님은 아이들끼리 놀다 안경이 부러졌고 서로 사과를 하고 잘 마무리되었다고 했지만, 집에 돌아온 아이는 억울하다고 했다. 다음 날 학교에 간 아이로부터 말도 안 되는 이야기를 들었다. 선생님이 쉬는 시간에 안경을 낀 학생은 모두 안경을 벗고 놀라고 했다고 한다. 이해할 수 없는 선생님의 대처에 화가 났다.

며칠 뒤 학교 앞에서 선생님께 이건 옳은 방법이 아니라고 항의했지만, 그녀는 안경이 부러진 건 아이들 사이에서 일어난 사소한 장난일 뿐이라고 했다. 아이들끼리 사과를 했으니 이미 다 끝난 일이라고 하며 퇴근을 서둘렀다.

며칠 후 안경 사건에 대해 같은 반 친구들에게 자세한 이야기를 들을 수 있었다. 그 아이의 행동은 단순한 장난이 아닌 괴롭힘이 분명했다. 가해 학생은 지속적으로 같은 반 친구들을 괴롭혀왔고 폭력의 정도가 선을 넘는 경우가 많다고 했다. 아무리 생각해 봐도 그냥 지나칠 일이 아니었다. 한국이라면 학폭위가 열리고도 남을 사안이었다. 이대로 가만히 있을 수 없었다. 가해 학생 부모에게 연락을 취해 사과도 받고 가정에서 아이를 좀 더 자세히 살펴보라고 이야기할 생각이었다. 물론 부러진 안경에 대한 비용도 보상받고 싶었다. 담임 교사에게 가해 아이의 부모 연락처를 물었으나 본인도 전화번호를 모르며 지금까지 한 번도 연락이 닿지 않았다고 했다. 학부모 상담에도 누나가 참여했다고 했다. 그녀는 이번에도 단순한 해프닝이라고 말하며 나를 귀찮아했다. 그녀의 무책임한 태도에 나의 참을성이 한계에 다다랐다.

사실 이번 일이 처음은 아니었다. 이 반에는 폭력적인 아이가 또 있었다. 그 친구가 교실에서 자주 주먹을 휘둘렀고, 주로 한국 아이들이 피해자였다. 내 아이가 친구에게 맞은 일을 알고 있냐고 선생님께 물었고 그녀의 대답은 "모른다"는 것이었다. 선생님은 내일 학교에 가서 아이들에게 확인을 해보고 다시 연락을 주겠다고 했다. 이튿날 선생님으로부터 회신을 받았다. 가해 학생도 자신의 잘못을 인정했고 내 아이에게 사과했으며 앞으로 이런 일이 재발하지 않도록 잘 살펴보겠다고 했다. 그러면서 그녀는 나에게 이런 말을 전했다. 그 아이는 새엄마와 살고 있으니 가엽지 않냐고. 새엄마와 산다고 폭력이 허용되는 항목은 아니지 않은가. 학교 교육보다 더 중요한 건 가정 교육이라고 생각한다. 그 아이 부모도 자신의 아이를 있는 그대로 받아들이고 잘못한 일에 대해서는 따끔하게 훈육해야 한다. 선생님께 가해 학생 부모에게 아이의 폭력성에 대해 꼭 전해 달라는 말로 넘어간 일이 있었다.

지난번 일도 문제 삼지 않고 넘겼는데 이번에는 안경이 부러졌다. 아이들끼리 그럴 수도 있는 일이라며 넘길 상황이 아니었다. 내 아이의 잘못이 아니라 일방적으로 당한 일이었다. 교실에서 지속적인 폭력이 반복되고 있음에도 선생님은 방관자의 태도로 일관하고 있었다. 더는 참을 수가 없었고 어딘가에 하소연할 곳이 필요했다. 그간 학교에서 일어난 일과 이런 선생님이 있는 학교라면 한국 아이들을 보내면 안 된다고 블로그에 포스팅했다. 글로 쏟아내니 얽혀있던 마음이 조금은

풀리는 느낌이었다. 글쓰기의 효능감을 이렇게 사용하다니…. 그렇다고 아이의 억울함도 나의 울분도 모두 사라진 것은 아니었다.

그러던 어느 날 학교로부터 메일 한 통이 왔다. 학교 관리자가 나에게 미팅을 요청했다. 무슨 일 때문이냐고 물어보니 학교 이야기를 블로그에 포스팅한 일 때문이라고 했다. 당신이 어떻게 그 사실을 알게 되었냐고 물으니, 누군가가 학교 교장에게 이메일로 제보했다는 것이었다. 영어도 아니고 한글로 쓴 블로그 글을 그들이 스스로 검색할 리 만무하고 가만 생각해 보니 짐작 가는 사람이 있었다.

갑자기 심장이 요동치기 시작했지만 내가 사실이 아닌 일을 언급한 부분은 없었기에 마음을 가다듬고 앞으로 어떻게 대응해야 할지 고민했다. 분명 학교에서도 그동안 교실에서 무슨 일이 발생했는지 알고 있을 터였다. 수첩을 꺼내 미팅하는 날 학교 관리자에게 질문할 리스트를 작성했다. 첫째 안경이 부러진 사건의 진상을 알고 있는지, 둘째 그동안 교실에서 일어난 폭력 상황에 대해 담임 교사의 대처가 적절했는지, 셋째 앞으로 이런 일이 또 발생할 경우 학교는 어떻게 대응할 것인지 등 그간 학교에서 일어났던 일에 대해 여러 가지 질문지를 작성했다. 과연 내가 이 많은 내용을 영어로 다 물어볼 수 있을지 걱정이 되긴 했지만 난 엄마니까 물러설 수 없었다.

다행히 교장을 만나러 가는 날 같은 반 학부모 Y가 나와 동행해 주었다. Y에게는 매일 교실에서 무슨 일이 일어나고 있는지 누구보다 소상히 전달하는 사랑스러운 딸이 있었다. 물어도 답하지 않는 아들과 묻지 않아도 미주알고주알 이야기 해주는 딸의 정보는 확실히 달랐다. 분명 학교에는 교장을 비롯해 다수의 선생님이 있을 테고 나 홀로 그들을 대면하는 것은, 상상만으로도 주눅이 들었다. Y와 함께 하니 천군만마를 얻은 것처럼 든든했다.

메모해 둔 종이를 챙겨 학교로 향했다. 예상대로 교장실에는 교장과 학교 업무를 담당하는 책임자 두 명이 우리를 기다리고 있었다. 우선 무슨 메일을 받았냐고 물으니, 익명의 누군가가 보낸 메일을 나에게 보여주었다. 메일을 보낸 사람이 누구냐고 다시 한번 물었으나 학교 메일 리스트에 없는 사람이 보냈다며 더는 알려줄 수가 없다고 했다. 그들이 보여준 메일에는 내가 블로그에 포스팅한 내용을 토씨 하나 고치지 않고 '하하하'까지 그대로 번역해 적혀있었다. 직접 메일을 읽어 보니 제보자는 한국인이라는 확신이 들었다. 범인은 그 학교에 한국 학생을 입학시켜서 이득을 봐야 하는 누군가였다.

지금 내게 제보한 사람이 누구인지는 중요하지 않았다. 내가 할 수 있는 일에 집중해야 한다. 빼곡히 적어 온 종이를 꺼내 교장과 책임자를 번갈아 쳐다보며 안경 사건 후 선생님이 교실에서 어떤 조치를 했는지 알고 있느냐고 물었다. 그들은 이미 알고 있다고 답했다. 그게 정당한 해결 방법이냐고 물었더니 교장 대신 학교 책임자가 그건 옳은 방법이 아니었다며 사과했다. 책임자는 자신의 아이도 안경을 쓰는데 선생님의 행동을 자신도 이해할 수 없다고 했다. 그리고 안경 사건이 일어난 날 CCTV를 볼 수 있는지 물었더니 본인들이 먼저 확인해 본 후 연락을 주겠다고 했다. 한 시간 동안 메모해 간 내용을 하나도 빼놓지 않고 질문하는 데 성공했고 그들의 답도 들었다. 그들은 생각보다 호의적이었다. 교장과 학교 업무 책임자는 나의 말에 최대한 귀를 기울여줬고 폭력적인 학생은 특별히 더 주의해서 지도하겠다고 약속했다. 마지막으로 나는 담임에 대한 설문 조사를 해달라고 제안했다. 실제로 미팅이 끝나고 얼마 지나지 않아 담임 선생님에 대한 설문 조사가 이루어졌다.

며칠 후 학교 관계자로부터 사건이 있던 날 CCTV를 확인했으나 사각지대라 영상이 없으며 몰타에서는 학교 내 CCTV 설치가 의무가 아니라는 답을 들었다. 사실 미팅 후 큰 변화를 기대한 건 아니었지만 얻은 것도 있었다. 학교에서 학부모의 의견을 듣고 수용하려는 태도를 조금이라도 보여 주었다는 것. 교장실에 불려 간 날 이후 한 가지 더 변한 것이 있다면, 하교할 때마다 학교 입구에서 아이들에게 인사를 하던 교장 선생님이 나와 아이들에게 미소를 건네는 날이 많아졌다는 것이다.

아이의 억울함을 말끔히 해결해 주지는 못했지만, 엄마로서 내가 할 수 있는 최선을 다해 발버둥쳤다. 자신의 이익만을 앞세운 누군가로 인해 나이 마흔하나에 몰타 교장실에 불려 가는, 인생에서 경험하기 힘든 색다른 경험을 했다. 경험보다 값진 것은 없다지만 이런 경험은 달갑지 않다. 다른 일도 아니고 아이와 관련된 일이기에 마음고생이 심했다. 한국이었다면 겪지 않았을 일을 몰타에서 겪으며 아이도 나도 지난한 일상을 견뎌내야만 했다. 아이가 어른으로 성장하기까지 앞으로도 많은 일이 일어날 것이다. 가끔은 마음에 생채기가 나는 일도 있겠지만 이 또한 삶의 흔적이고 아이가 이겨내야 할 몫이라고 생각한다. 무슨 일이 있더라도 아이를 끝까지 응원하는 일은 나의 몫이다. 동서남북 어디로 향하든 아이의 발걸음을 응원할 것이다. 새싹이 돋아나는 봄에도, 함박눈 쏟아지는 겨울에도.

일주일에 두 번 하는 Watergames 시간

서머스쿨에서 웃다

2022년 6월 말 다사다난했던 몰타의 학교생활이 마무리되었다. 한국으로 돌아가는 항공권은 8월 중순이었기에 여름방학 동안 몰타에서 아이들이 할 수 있는 무언가를 찾아야 했다. 대부분의 몰타 학교는 여름방학에 서머스쿨을 운영한다고 했고 그중 내 귀를 솔깃하게 하는 정보가 있었다.

바로 몰타 현지인들도 줄 서서 등록한다는 몰타대학교 서머스쿨(Kids On Campus Summer School)이었다. 일단 비용이 다른 학교에 비해 저렴할 뿐만 아니라, 프로그램도 다양하고 학교 시설도 뛰어나다는 이야기에 이 정도라면 우리 아이들도 즐겁게 몰타의 여름을 즐길 수 있을 거란 확신이 들었다. 단 경쟁이 치열해서 등록하기가 쉽지 않다는 것이 문제였다. 몰타대 서머스쿨은 1차로 교직원 자녀를 대상으로 모집을 한 뒤 2차로 일반인의 등록을 받는다.

등록 기간 첫날 노트북을 켜놓고 접수 시간이 시작되자마자 마우스를 부지런히 클릭했다. 다음 단계로 클릭할 때마다 손이 부들부들 떨렸고 혹시 도중에 인터넷이 끊기지는 않을까 하는 조마조마한 마음으로 마지막 결제 완료 버튼을 눌렀다. '경쟁이 치열하다고 했는데 이렇게 쉽게 신청이 끝났다고?' 내가 제대로 신청한 게 맞는지 의심하는 순간 서머스쿨 등록이 완료됐다는 이메일을 받았다. 마침내 서머스쿨에 등록했다는 기쁨에 환호를 질렀다.

몰타대 서머스쿨이 인기 있는 이유는 요리, 코딩, 물놀이, 브레인박스, 미술 수업, 배드민턴, 태권도, 댄스, 수영 등 다양한 프로그램으로 구성되어 있으며 주1~2회는 외부 활동을 나가기 때문이다. 외부 활동에는 몰타 내 관광명소 방문은 물론이고 소방서, 경찰서 등 관공서 견학도 포함되어 있었다. 몰타에 오면 꼭 들러야 하는 코미노섬 투어, 발레타, 고조섬까지 모두 서머스쿨에서 다녀올 수 있으니, 누군가 몰타에 일 년 살기가 아니라 여름방학에 한 달 살기 한다면 나는 주저 없이 몰타대 서머스쿨을 추천한다.

7월 초에 시작한 서머스쿨은 8월 말에 모든 일정이 끝나는데 주 5회, 8주 기준 375유로(2022년 기준, 외부 견학비 별도, 스쿨버스비 별도)였다. 한국이나 동남아에서 하는 여름 캠프와 비교해도 가성비가 매우 훌륭한 편이다.

또한 몰타대는 시설면에서도 아주 뛰어난 편에 속했다. 교실마다 에어컨이 설치되어 있었고(몰타에는 에어컨이 없는 학교도 있다), 학교 내부 곳곳에 안전 관리자가 상주해 있었기에 아이를 믿고 맡길 수 있었다. 아이들 담당 선생님은 몰타대학교 학생으로 두 아이 모두 선생님이 친절하고 좋다고 해서 첫날부터 마음이 놓였다. 사실 선생님이 좋은 분인지 아닌지는 아이들이 가장 먼저 안다. 좋은 선생님은 엄마가 묻지 않아도 아이가 먼저 선생님 이야기를 꺼내기 마련이다.

서머스쿨에 다니기 시작하면서 아이들 표정이 점점 밝아졌다. 학교에 다니는 동안 볼 수 없었던 모습이었다. 한 달쯤 지났을 때 아이들은 서머스쿨이 끝날 때까지 몰타에 머무르고 싶다며 일정을 변경할 수 없냐고 내게 물었다. 모처럼 즐거워하는 아이들 모습에 안타까운 마음이 들었지만 우리는 마지막 유럽 여행을 끝낸 후 한국 학교 개학에 맞춰 한국으로 돌아가야 했기에 일정 변경은 불가능했다. 아쉬움을 삼킨 채 아이들은 선생님들과 친구들에게 이른 굿바이 인사를 해야만 했다. 서머스쿨을 끝내고 유럽을 여행하는 동안 학교로부터 아이들 활동사진을 받았다. 서머스쿨이 얼마나 즐겁고 신이 났는지 사진 속 아이들 표정만 보아도 알 수 있었다. 참 다행이었다. 아이들이 누린 몰타의 마지막 여름은 찬란해서.

Brain Box 시간

장바구니와 도시락

일단 한국 급식 만세! 먼저 외쳐본다. 몰타에서 일 년 살기 하면서 가서 가장 힘든 일이 무엇이었는지 누가 물어보면 한 치의 망설임도 없이 도시락 싸기였다고 답한다. 물론 매일 새벽 6시에 눈을 떠 도시락 싸는 일은 몸이 힘든 것이지 마음이 힘든 일은 아니다.

한국에서는 아이들이 어린이집에 다닐 무렵부터 시작해 초등학교에 다니는 동안 한 번도 도시락 걱정을 해보지 않았다. 일 년에 한두 번 아이들이 현장 체험학습 갈 때 싸는 김밥쯤은 기쁜 마음으로 준비할 수 있었다. 결혼 후 새벽마다 출근하는 남편에게 아침을 차려준 기억은 더 없다. 회사에 가면 아침, 점심, 저녁을 다 주는 남편 회사가 그저 고마울 뿐이었다.

몰타에서 의도치 않은 미라클 모닝을 하게 될 줄은 몰랐다. 아이들 등교 시간은 7시 40분이다. 집에서 학교까지 걸어서 15분, 적어도 7시 20분에는 집을 나서야 하니 늦어도 7시에는 아이들을 깨우고 아침도 먹여야 한다. 누군가는 미라클 모닝을 하기 위해 새벽 6시에 기상하지만, 나는 도시락을 싸기 위해 6시 알람을 맞추었다.

먼저 도시락을 싸기 위해서는 장보기가 필수다. 몰타의 장바구니 물가는 한국에 비해 저렴한 편이다. 특히 소고기, 돼지고기, 과일, 채소가 싸다. 삼겹살 1kg 가격이 만 원을 넘지 않았다. 하지만 누가 유럽은 선진국이라고 했던가? 몰타의 쇼핑문화는 한국보다 5년쯤은 뒤처져 있는 것 같다. 클릭 몇 번만 하면 다음 날 새벽 문 앞 배송이 완료되는 한국의 온라인 쇼핑이 얼마나 편리했는지 몰타에 가서야 알았다. 몰타는 온라인 배송보다 오프라인 소매점이 더 발달한 편이다. 좀 더 신선하고 싼 식자재를 구하기 위해서는 과일가게, 냉동식품점, 큰 마트, 정육점을 거쳐 마지막으로 빵 가게를 들러야 도시락 장보기가 비로소 끝이 난다. 물론 몰타에도 온라인 배송이 되는 마트도 있고 배달 앱이 있다. 나도 처음에는 온라인 배송을 이용했지만, 상품의 질이라든지 배송받는 시간이 정확하지 않아 여러모로 불편했다. 그래서 매번 발품을 팔아 장을 보기 시작했다.

매주 화요일 오전 6시부터 11시까지 비르구(Birgu)에서 장이 선다. 우리나라 전통시장처럼 없는 게 없는 곳이다. 참 신기한 건 재래시장인데 불구하고 세제, 참치 캔, 파스타, 소스, 치약, 휴지 등 공산품 가격이 대형 마트보다 싸다는 것이다. 이것도 싸고 저것도 마트보다 싸니 장바구니가 가득 차는 건 순식간이다. 한국에서는 한 번도 쓰지 않았던 바퀴 달린 장바구니를 비르구 장에서 사고 말았다. 손에 든 장바구니와 바퀴 달린 장바구니마저 가득 채워 집으로 돌아오곤 했다. 과소비를 줄이기 위해 의도적으로 장에 가는 횟수를 줄이기도 했다.

몰타에서 매일 장을 보느라 여기저기 돌아다니다 보면 하루에 만 보 걷기쯤은 식은 죽 먹기가 된다. 확찐자로 몰타에 갔는데 많이 걸어 다닌 덕분인지 따로 다이어트를 하지 않았는데도 몸에 붙었던 미운 살이 저절로 사라지는 경험을 했다. 몰타에서 만난 엄마들은 하나같이 몰타에 와서 살이 빠졌다고 하니 누가 다이어트를 하고 싶다고 하면 몰타 일 년 살기를 강추해 본다.

신혼여행 이후로 한 번도 입지 않았던 비키니를 몰타에서 다시 입어 보았다. 백발의 할머니도 비키니 입고 수영을 하는 이곳에서 다른 사람 눈치 안 보고 비키니 입는 일이 나에게는 크나큰 도전이었다. 모든 일은 처음이 가장 힘든 법. 한 번 입어 보니 '진짜 비키니 별거 아니구나'라는 생각이 들었다. 타인의 시선을 의식하는 자신을 외면하기까지 수십 년의 세월이 걸렸다. 비키니는 기세라는 말이 와닿았다. 좀 더 과감해진 나는 여름 세일 기간에 맞춰 짙은 초록색 형광 비키니를 구매했다. 몰타에서 늘어난 비키니의 숫자만큼 나의 자신감도 조금씩 상승했다. 한국으로 돌아가면 언제 다시 입을 수 있을지 모르지만, 비키니가 안겨 준 산뜻한 기세만은 영원히 잊지 못할 것 같다.

장보기가 끝났으니 이제 도시락을 싸야 한다. 일 년 동안 가장 많이 싼 도시락 메뉴는 삼각김밥과 샌드위치다. 개학 후 아이들에게 외국 친구들은 도시락으로 무엇을 싸 오는지 물어보았다. 어떤 아이들은 식빵 한 장에 오이나 당근을, 어떤 아이는 요플레와 과일을 싸 온다고 했다. 편식을 안 하는 아이지만 친구가 당근을 맛있게 먹는 것을 보니 자기도 당근이 먹고 싶다고 해서 당근을 싸 주었다. 그날 하교 후 집으로 돌아온 아이는 당근은 이제 괜찮으니 원래대로 도시락을 싸달라고 주문했다.

한국에 있을 때도 아이들의 아침 메뉴는 주로 빵이었다. 늘 먹던 샌드위치나 토스트 같은 종류는 이삼십 분만 투자하면 도시락 두 개쯤은 뚝딱 완성할 수 있었다. 하루는 빵을 싸면 다음 날에는 밥을 쌌다. 편의점에서 파는 삼각김밥만 먹어봤지 몰타에서 삼각김밥을 이렇게 많이 싸게 될 줄은 몰랐다. 볶은 김치, 참치, 진미채 등 삼각김밥 안에 들어가는 재료만 조금 바꿔서 싸주면 아이들은 항상 빈 도시락통을 내밀었다. 학창 시절 엄마가 싸주던 도시락의 노고를 그제야 알게 되었다. 고등학생 때 야자(야간 자율 학습)를 해서 늘 도시락 두 개를 싸갔다. 우리 집은 아이가 셋. 엄마는 매일 여섯 개의 도시락을 싸면서 한 번도 불평하지 않았다. 내 아이의 도시락을 싸면서 그 시절 엄마의 고단함을 알게 되었다. 몰타에서 새벽 6시, 내 귓가에 울리던 알람 소리가 가끔은 그립다. 절대 도시락 싸기가 그리운 것은 아니다. 다시 한번 외쳐본다. 한국 급식 만세!!

미라클 모닝이 아닌 도시락 모닝!

집주인을 소개합니다

몰타는 지금까지 내가 가 본 유럽 그 어느 나라보다 안전하고 평화로운 나라라고 생각한다. 일 년 살기의 목적지로 몰타를 택한 가장 큰 이유도 안전 때문이었다. 우리가 머무는 동안 소매치기만큼은 걱정해 본 일이 없다. 유럽의 다른 나라로 떠날 때 가방은 늘 등이 아닌 앞을 향했고 수시로 가방을 확인해야 했다. 특히 파리와 로마를 여행할 때를 떠올리면 아직도 어깨에 힘이 잔뜩 들어갈 정도로 긴장이 된다.

우리가 몰타에서 지내는 동안 식당이나 카페 테이블 위에 전화기를 올려놓아도 한 번도 분실 걱정을 해본 일이 없다. 우리에게 몰타는 그래도 되는 나라였다. 길거리를 지나다 인사를 건네면 미소로 반겨주는 사람들, 아이들에게는 짧은 농담도 곁들어가며 말을 걸어주는 사람들이 곳곳에 있었다.

길을 가는 우리를 보고 간혹 중국 사람이냐고 묻는 사람도 있었고 때로는 코로나 어쩌고 하는 소리가 들릴 때도 있었다. 처음에는 "저는 한국 사람입니다!"라고 외쳤지만 그런 상황이 여러 번 반복되다 보니 굳이 대응할 가치가 없다는 생각에 무시하곤 했다. 가끔은 '이게 인종 차별이구나' 하는 생각에 울컥한 마음이 들기도 했다. 하지만 내가 만난 대부분의 몰타 사람은 그 어떤 편견 없이 나와 아이들을 대해주었다.

몰타에 도착한 첫날 집주인이 계약서를 쓰기 위해 집으로 찾아왔다. 집 계약할 때 보통 남자아이가 둘이라고 하면 집주인들은 아무래도 꺼린다. 실제로 지인이 몰타에서 집을 구할 때 만났던 사람은 딸이 있는지 아들이 있는지 물었고 만약 아들이 있다면 계약할 수 없다고 했다고 한다. 아들 가진 게 죄는 아니잖아!! 하지만 우리 집주인은 아이들을 보자마자 귀엽다며 먼저 말도 걸어주고 집 구석구석을 데리고 다니며 친절하게 소개해 주었다. 계약서를 쓰는 동안 아이가 카펫에 물을 쏟았다. 내가 미안하다고 말하니 집주인은 웃으며 아이들은 원래 다 그렇다며 괜찮다고 했다. 그의 이름은 '이안'이다.

우리가 사는 몰타 집은 아주 오래된 3층 주택으로 겉에서 보면 오래되고 낡은 집처럼 보이지만 내부는 현대식으로 아주 예쁘게 잘 꾸며놓았다. 이안은 자신이 직접 이 집을 리모델링을 했다며 뿌듯한 표정으로 말했다. 그런데 리모델링한 지 일 년도 채 안 된 집에 하루가 멀다 하고 문제가 발생했다. 윤기가 좌르르 흐르는 새 변기에서 물이 새고, 한밤중에 갑자기 문틀이 쾅 떨어져 지진이 일어난 줄 알고 소스라치게 놀랐던 일도 있었다. 샤워하는 도중에 욕실 전등이 나가버리고 세탁실 센서는 밤낮을 가리지 않고 수시로 켜졌다 꺼졌다를 반복했다.

이사 온 다음 날부터 이안은 매일 우리 집으로 출근하다시피 했다. 분명 나의 호출이 귀찮을 법도 한데 그는 한 번도 싫은 내색을 하지 않았다. 집에 문제가 생겼다고 연락을 하면 그는 미안하다는 사과를 먼저 건네는 사람이었다. 부서지거나 고장 난 부분은 물론이고 우리가 필요한 것을 요청하면 수일 내로 해결해 주려 애썼다.

몰타에서는 최근에 지어진 건물을 제외하고 방충망이 설치된 집이 많지 않다. 특히 아이들이 있다면 집을 구할 때 방충망 유무를 꼭 확인해야 한다. 방충망이 없는 집을 얻은 지인은 여름 내내 모기와의 사투를 벌여야 했다. 우리 집도 예외는 아니었다. 방에는 방충망이 설치되어 있었지만 발코니에는 방충망이 없었다. 해가 잘 드는 발코니에 빨래를 널어놓아야 했기에 항상 문을 열어두었다. 집안에 모기가 한두 마리 보이기 시작했다. 몰타 모기는 작은 데 참 강하다. 큰아이가 유독 모기한테 잘 물리는데 여기서도 모기의 희생양이 되고 말았다. 간지럽다고 긁다 보니 진물이 흐르고, 그러다 딱지가 생기면 또 그 딱지를 뜯어 상처가 덧나고 그야말로 악순환의 연속이었다. 이안에게 우리의 사정을 이야기했더니 며칠 뒤 직접 제작한 수동식 방충망을 들고 나타났다. 매번 창문을 열 때마다 방충망을 문틀에 끼웠다 뺐다 하는 번거로움은 있었지만, 그 후로 모기의 공격을 받지 않고 무사히 몰타의 여름을 보낼 수 있었다.

이안과 알게 된 지 한 달쯤 되었을 때 아이들 영어 선생님 구하기가 너무 어렵다고 이안에게 하소연했더니 주변에 좋은 선생님이 있는지 한 번 알아봐 주겠다고 했다. 이번에도 그는 우리의 해결사가 되어주었다. 부활절에는 집 앞에 케이크를 몰래 놔두고 메시지를 보내 우리를 깜짝 놀라게 했다. 받기만 해서 미안했던 이안에게 한국에서 가져온 김과 소주를 선물로 주었더니 함박웃음을 지으며 이런 걸 자기가 받아도 되냐며 머쓱해하던 이안의 얼굴이 아직도 생생하게 기억난다.

몰타에 갈 때 유학원을 통하는 경우 따로 집을 알아보지 않아도 되지만 집은 반드시 보고 계약을 해야 한다. 아이들과 살 집인데 1층에 술집이 있는 집을 구해주는 경우도 있었고, 학교에서 먼 곳을 구해 중간에 이사를 한 가족도 있었다. 집을 구하기 전에 이것저것 꼼꼼하게 따져보아야 한다. 물론 부동산 수수료는 별도이다.

부동산 중개 수수료를 아끼기 위해서는 페이스북으로 직접 집을 구할 수도 있다. 몰타에서는 주로 일 년 단위로 렌트를 한다. 보증금으로는 월세 한 달 치를 선불로 내고 최소 6개월 이상 거주하면 이사 나갈 때 보증금을 돌려받을 수 있다. 하지만 이것도 복불복. 지인은 계약 기간 만료 후 단 한 푼의 보증금도 돌려받지 못했고 또 어떤 이는 청소비, 도배비 등 세입자에게 이런저런 비용을 청구해 몇백 유로를 차감하고 보증금을 돌려받은 사람도 있었다.

이안은 내가 이사를 나가는 날 보증금 전액과 함께 "당신은 내가 만난 최고의 세입자이며 집을 깨끗이 사용해 줘서 고마워"라는 따뜻한 문자까지 덤으로 보내주었다.

외국의 그 어떤 절경이나 맛있는 음식보다 때로는 사람이 주는 따스함이 그곳을 더 생생하고 선명하게 떠오르게 한다.

우리가 몰타를 기억하는 곳곳에는 이안이 스며 있었다. 이방인에게 친절한 그로 인해 아이들도 나도 마음 편히 몰타의 일상을 누릴 수 있었다. 언젠가 기회가 닿으면 그를 한국으로 초대해 내가 받은 따스함을 몇 배로 돌려주고 싶다. 그리고 이렇게 인사하고 싶다.

"땡큐! 이안. 몰타가 더 그립고 더 생각나는 이유는 사람 냄새나는 당신 덕분입니다."

불풍없는 우리 집 외관

대문을 열면 마치 딴 세상으로 들어온 것 같은 기분이 드는 우리 집

메리와 루이스

몰타에 도착해 삼 개월이 흘러 겨울이 되었다. 낯선 나라와 낯선 사람에 대한 적응으로 시간은 더디 흘렀다. 아이들은 의사소통의 어려움으로 인해 힘들어했고 나는 두 아이를 잘 돌봐야 한다는 부담감에 버거운 시간을 보냈다. 다행히 두 번째 학기가 시작되자 아이들은 학교생활에 제법 익숙해졌고 나도 한시름 덜게 되었다.

비가 내려 어둑어둑한 어느 겨울날 아침이었다. 아이들을 학교에 보낸 후 바다가 보이는 카페에 앉아 카푸치노 한잔하다가 무언가 좀 더 생산적인 일을 하고 싶은 마음이 차올랐다. 몰타에서의 시간을 누려야 한다. 이곳에서만 할 수 있는 무언가를 찾아야 한다. 그 무렵 지인이 어학원에 다니고 있었다. 왠지 바삐 사는 그녀의 모습이 그렇게 보기 좋을 수가 없었다. '그래 나도 이참에 영어 공부를 좀 더 해볼까?' 하는 마음으로 무작정 어학원으로 향했다. 나란 사람은 무엇이든 배우는 걸 즐긴다. 마침 겨울 시즌이라 학비 할인을 해준다고 한다. 거기다 오전수업만 등록하면 오후수업은 서비스라고 하니 등록 안 할 이유가 없었다. 영어에 대한 목마름은 늘 있었기에 주저하지 않고 3개월 과정을 결제했다.

수업 시작 전 레벨테스트를 받아야 했다. 코로나로 인해 레벨테스트는 온라인으로 진행했다. 한 시간 안에 100개의 문법 문제를 풀어야 한다. 얼마 만에 보는 시험인가? Start 버튼을 누르자 손이 덜덜 떨리기 시작했고 어깨에 힘이 잔뜩 들어갔다. 긴 지문에 눈이 침침해졌고 분명 조금 전에 읽은 내용이 기억나지 않아 읽고 또 읽기를 반복했다. 전치사, 가정문 등 예전에 배운 문법이 생각날 듯 말 듯 머릿속이 간질간질해지는 기분이 들었다. 시험 도중 나도 모르게 자꾸 한숨이 나왔다. 별표 쳐 놓은 문제를 다시 보고 답을 고칠지 말지 고민하다 보니 어느새 한 시간이 훌쩍 지나버렸다. 이래서 공부도 다 때가 있는 법이라는 걸 실감하는 하루였다. 아, 옛날이여.

테스트 결과에 따라 배정받은 교실에 들어가니 단발머리

에 두꺼운 안경을 쓴 할머니 선생님이 칠판 옆에 앉아계셨다. 선생님께 가볍게 목례를 한 다음 빈자리에 앉았다. 교실을 둘러보니 대학생처럼 보이는 학생도 있었고 나보다 한참 더 연배가 있어 보이는 학생도 몇 명 있었다. 학생들의 국적은 콜롬비아, 프랑스, 스위스, 이탈리아, 일본 등 다양했다.

우리 선생님 이름은 미리암이다. 학교와 학원에서 영어를 가르친 지 이십 년이 넘었으며 가르치는 일에 자부심을 느낀다고 했다. 그녀는 수업 시간에는 당당한 선생님의 모습을 보여주었고 쉬는 시간에는 인생 선배로 이런저런 이야기를 나에게 들려주었다. 내가 아이가 둘이라고 하니 믿을 수 없다며 기분 좋은 농담도 해주었다. 서양인은 동양인의 나이를 잘 가늠하지 못하는 것 같다. 그들은 동양인 대부분이 동안이라며 실제 나이를 말해주면 깜짝 놀란 표정을 자주 지었다. 외국인들은 친구를 사귈 때 보통 나이를 묻지 않기 때문에 나이가 많다고 미리 걱정할 필요가 없다. 어학원에서는 나이의 많고 적음이 아닌 언어를 배우기 위한 마음이 중요했기에 누구든 쉽게 친구가 될 수 있었다. 이십 대부터 오십 대까지 모두 친구가 될 수 있었던 어학원 생활이 나에게는 또 다른 삶의 활력소가 되었다.

미리암이 출석을 부르자 갑자기 설레기 시작했다. 누구 엄마 아니고 내 이름을 불러주니 진짜 학생이 된 것 같은 기분을 느꼈다. 이십 대 때 강남역으로 영어 배우러 다녔던 그 시절이 갑자기 떠올랐다. 몸도 마음도 그때와는 사뭇 다르지만 배움에 대한 열정만은 여전히 타오르고 있었다.

어학원에 다니며 영어를 배우는 것도 좋았지만, 외국인 친구를 만나는 즐거움이 있었다. 이탈리아 출신 메리와 콜롬비아 출신 루이스를 어학원에서 만났고 우리는 쉬는 시간마다 짧은 영어로 서로의 일상을 나누었다. 시칠리아가 고향이라는 메리는 결혼에 대한 고민을 터놓기도 했고 루이스는 콜롬비아로 돌아가고 싶지 않다며 몰타에서 살고 싶다고 했다. 비자를 받으려면 몰타에서 일자리를 구해야 하는데 영어가 발목을 잡아서 어학원에 다닌다고 했다.

3개월의 어학원 수업이 끝난 후에도 우리는 만남을 이어갔다. 메리네 집에서 프랑스, 콜롬비아, 한국, 이탈리아 음식으로 포틀럭 파티(Potluck party)를 했던 일, 루이스네 집에서는 콜롬비아 전통음식 아레파(Arepa) 만드는 방법을 배웠다. 집에서 가져간 떡볶이, 부침개, 김밥, 닭강정을 먹어 본 친구들은 한국 음식이 너무 맛있다며 극찬했다. 그 후로 나를 볼 때마다 루이스는 닭강정 이야기를 꺼냈다.

처음에는 짧은 문장을 구사하던 친구들의 영어는 하루가

다르게 발전했다. 우리의 대화도 정치, 경제, 사회 다양한 분야의 주제로 흘렀다. 다행히 루이스는 어학원에 몇 개월 더 다니면서 일자리를 구할 수 있었고 메리는 몰타에 있는 이탈리아 전문 여행사에 취업을 했다. 한국으로 돌아오기 전 메리와 굿바이 인사를 나누며 나도 모르게 눈물이 차올랐다. 언제 다시 만날지 모른다는 생각에 서로 잡은 손을 쉬이 놓지 못했다. 친구들과 노을 지는 슬리에마 비치에서 맥주잔을 부딪치면서 서로의 내일을 응원했던 일이 아직도 생생하게 떠오른다. 몰타의 향기가 사무치게 그리운 오늘 밤 메리와 루이스에게 안부 인사를 전해야겠다. "친구들아, 너무 보고 싶어!"

어학원에서 만난 메리와 루이스. 항상 그리운 친구들

제자리로 돌아오다

 일 년간 한국 교육과정을 벗어났던 아이들이 다시 한국 학교에 적응하는 데 그리 오래 걸리지 않았다. 우리의 몰타행은 미인정 유학으로 한국 학교에 재입학할 때 국어, 수학(전 학년 과정) 시험을 쳐야 한다. 또한 학교 제출 서류에는 현지 학교 재학 기간이 들어간 재학증명서와 성적증명서, 주민등록등본과 출입국 사실 증명서가 필요했다. 학교장 재량으로 필요 서류는 학교마다 다르니 아이가 다닐 학교에 문의하는 것이 가장 정확하다.

 몰타로 떠나기 전까지 아이들은 태권도, 축구, 피아노, 농구, 수영 등을 배웠다. 초등 저학년 때는 예체능 위주의 학원에만 보냈다. 몰타에서도 영어만 공부했기에 한국으로 돌아와 재입학 시험에 통과하지 못할까 봐 불안했던 것도 사실이다. 혹시나 하는 마음에 미리 온라인으로 국어와 수학 진단평가를 출력해 여러 번 풀어보게 했고 아이들이 어려워하는 문제가 있으면 다시 짚어주었다. 다행히 아이들은 한 번에 시험을 통과했고 친구들과 같은 학년으로 재입학이 가능했다. 재입학 시험은 대부분 한 번에 통과할 정도로 평이하다고 하니 너무 걱정하지 않아도 되는 것 같다.

학교 입학은 정해졌고 이제는 학원을 알아볼 차례. 일단 영어학원부터 알아보았다. 주위 엄마들에게 물어 영어학원 서너 곳에 레벨 테스트를 신청했다. 새삼 놀란 것은 영어학원 레벨 테스트를 받는 데도 비용을 내야 한다는 사실이었다. 만약 시험에 통과하지 못하면 이 학원에 다니고 싶다고 해도 다닐 수 없다는 사실을 알고서는 충격을 받았다. 과거에는 돈만 내면 다니는 곳이 학원 아니었던가? 그간 배운 영어를 유지하기 위해서라도 학원을 보내야 했기에 그저 아이들이 시험에 통과해 주기만을 바랐다. 다행히 아이들은 학원에 다닐 수 있는 자격은 얻었다. 혹시 떨어지면 어쩌지? 하며 아이들의 영어 실력을 온전히 믿지 못한 내가 부끄러웠다. 맞아 우리 몰타에서 영어랑 친해졌지?

한국에 돌아온 지 한 달 만에 아이들은 영어학원에 다니기 시작했고 어마어마한 학원 숙제와 엄청난 난이도에 적응하느라 한동안 힘들어했다. 하지만 이럴 때는 시간이 약이라는 것을 이미 몰타에서 겪었기에 아이들이 적응할 때까지 천천히 기다려 주었다. 사실 일 년간 몰타에서 영어를 실생활로 접하고 돌아왔지만, 한국 영어학원의 난이도는 어른인 내가 봐도 진짜 헉 소리가 절로 날 정도로 어려웠다. 단어며 문법이며 아이들 영어 문제집을 통해 한국의 사교육은 정말 대단하다는 생각이 들었다. 몇 달 후 아이들은 학원에서 '우수 학생' 상을 받았다며 당당하게 상장을 내밀었다. 상의 무게를 알 리 없는 아이들의 표정은 해맑았지만, 만약 몰타에 가지 않았더라면 몇 년간 학원 지옥에서 허우적거렸을 아이들을 생각하니 가슴이 갑갑해졌다.

 할 수만 있다면 자녀에게 편하고 좋은 길을 안내 해주고 싶은 게 모든 부모의 바람일 것이다. 몰타에서 지내며 아이들에게 영어를 공부가 아닌 언어로 접할 기회를 줄 수 있었음에 그저 감사할 뿐이다. 아이들이 앞으로 어떤 공부를 할지, 어떤 꿈을 지니고 살지는 스스로 결정해야 한다. 자신만의 이정표를 찾아 본인이 원하는 목적지에 잘 도달하기만을 부모로서 바랄 뿐이다.

궁금하죠? 아이들 영어

아이들과 몰타에서 일 년 살다 왔다고 하면 다들 영어는 얼마나 늘었는지 궁금해한다. 당연히 가기 전보다는 늘었지만, 일 년은 아쉬울 수밖에 없다. 물론 탁월한 언어 감각을 타고났다면 짧은 시간에도 엄청난 발전을 하겠지만 우리 아이들은 지극히 평범한 아이들이다. 몰타에서 사립학교에 다녔지만, 다양한 국적으로 이루어진 반 구성원들 덕분에 학교에서 영어 외 러시아어, 아랍어 등 수많은 언어를 접할 수밖에 없었다.

학교에서 배우는 영어 외 집에서 일주일에 두 번 튜터와 영어 공부를 했다. 몰타에 도착하자마자 이안이 소개해 준 몰티즈 선생님은 몰타대 대학원생으로 방탄소년단을 사랑하는 아미였다. 한국에 대한 관심도 많아서 가끔 보조 자료로 BTS나 한국 문화와 관련된 기사를 가져와 수업하기도 했다. 선생님은 대학원에 다니는 바쁜 와중에 도서관에서 책 읽어 주는 일도 한다고 했다. 대학원 시험 기간이나 자주 여행을 떠나는 선생님 일정으로 인해 수업을 못 하는 날이 점점 늘어나기 시작했다. 주 2회 수업이 주 1회로 줄어들게 되었고 결국 나는 새로운 선생님을 알아보게 되었다.

지인의 소개로 알게 된 새로운 선생님은 아일랜드 출신으로 오랫동안 몰타에서 영어를 가르치고 있다고 했다. 그녀의 이름은 케이티이다. 수업 첫날 그녀가 좋은 선생님임을 아이들도 나도 금방 느낄 수 있었다. 케이티는 수업이 끝날 무렵 아이들에게 부족한 부분은 무엇인지 어떤 부분을 더 공부하면 좋을지 나에게 알려주어 여러모로 도움이 되었다. 케이티와 아이들이 거실에서 수업을 진행하는 동안 나는 방안에서 수업이 끝날 때까지 기다렸다. 워낙 작은 집이라 거실 쪽으로 귀를 기울이지 않아도 선생님과 아이들 목소리가 또렷하게 들렸다. 처음 튜터 선생님과 수업했을 때 아이들 목소리는 거의 들리지 않았다. 한 달쯤 지나자, 방안에서도 아이들 목소리가 조금씩 들리기 시작했다. 서너 달이 지날 무렵부터는 수업 시간에 아이들이 까르르 웃는 날이 많아졌다. 선생님과 게임을 하는 날에는 온 집안이 시끌벅적할 정도로 요란했다. 가끔은 나도 함께 영어를 배우고 싶은 마음이 생길 정도로 케이티는 가르치는 일에 진심이었다.

케이티는 수업 전 내가 내어놓은 사소한 간식에도 늘 감동적인 인사를 건넸다. 요리가 취미인 선생님은 한국 음식에도 관심이 많다고 했다. 김치를 담근 날 그녀에게 맛이라도 보라며 작은 김치통을 건넸더니 함박웃음을 지으며 고마워했다. 일주일 후 그녀는 김치가 너무 맛있었다며 내게 김치 담그는 법을 배우고 싶을 정도라며 감사의 인사를 전했다. 수업 전후 선생님과 나눈 작은 이야기들은 서로를 알아가기에 부족함이 없었다.

몰타에서 만난 인연은 한국으로 돌아온 후로도 이어졌다. 아이들은 한국에 오자마자 케이티를 온라인으로 만났다. 그토록 싫어했던 온라인 수업을 다시 하게 되었지만, 아이들은 이전과 확연히 다른 태도로 수업에 임했다. 케이티의 열정이 화면으로도 전해졌다. 한국으로 돌아온 지 일 년이 다 되어갈 무렵 그녀도 몰타에서 아일랜드로 다시 돌아가게 되었다고 했다. 그리고 취업을 하게 되어서 더는 수업을 할 수 없게 되었다고 했다. 아이들도 더는 케이티와 수업을 못 한다는 이야기를 듣고 몹시 아쉬워했다. 나는 케이티에게 직접 수업을 받은 것도 아닌데 너무 좋았던 담임선생님과 이별하는 느낌이었다. 아이들에게 영어의 즐거움을 선사해 준 그녀에게 감사한 마음을 전하며 마지막 인사를 했다.

한국으로 돌아온 지 어느새 두 해가 다 되어간다. 얼마 전 아이에게 너의 영어 실력은 어느 정도라고 생각하는지 물어보았다. 아이는 한국에 있었을 때가 '1'이었다면 몰타에 다녀온 후 실력이 많이 늘어 지금은 '8'정도인 것 같다고 했다. 왜 그렇게 생각하냐고 물으니 파닉스만 겨우 하고 몰타에 갔는데 지금은 고등학생이 푸는 문제집을 풀고 있으니까 자기 영어가 많이 늘었다고 생각한다고 했다.

'음…. 아들아, 네가 고등학생 문제집을 풀고 있는 것이지 네 진짜 실력이 그 정도는 아니란다'라고 아들에게 전하지 못한 말을 마음속으로 삼켜야 했다. 선행학습에 내몰린 한국 아이들이 대부분 그렇게 생각하고 있을 터였다. 빠른 진도가 마치 자신의 진짜 실력인 것처럼 착각하는 아이들이 너무도 많다. 실제로 큰아이가 수학학원에 다녀와 들려준 이야기가 있다. 다른 수학학원에서 중3 과정을 마치고 자기 학원으로 온 아이가 있는데 중1 문제를 못 푼다고. 안타까운 현실에 내몰린 아이들을 보고 있으면 미안한 마음이 들기도 한다. 이런 나조차 아이들을 학원으로 내몰고 있으니 도대체 어떻게 아이를 키워야 하는 건지 혼란스럽기만 하다.

 육아에 정답은 없다지만 이왕이면 내가 푼 해답이 정답에 가깝기를 모든 부모가 바랄 것이다. 가끔은 부모처럼 이기적인 사람이 없다는 생각이 들 때도 있다. 아이가 자신의 장점은 닮기를 바라고 단점은 닮지 않기를 바라기 때문이다. 하지만 아이가 바라보는 것은 내가 보여주고 싶은 모습이 아니라 있는 그대로의 내 모습이다. 가족이기에 닮을 수밖에 없다. 나 또한 아이의 모습을 있는 그대로 바라보아야 하지만 말처럼 쉽지 않다. 그저 이런 고단한 대한민국의 현실에서도 우리 아이들이 조금이라도 더 행복하고 올바른 어른으로 자라나기를 바라는 건 어쩌면 나의 욕심일지도 모른다는 생각에 마음이 서글퍼진다.

몰타의 옛 수도 임디나의 골목길. 이 길은 어디로 향하는 걸까.

꿈꾸는 아이

한국으로 돌아온 후 아이들은 인천 앞바다를 볼 때마다 몰타의 바다 이야기를 꺼낸다. 올해는 어디로 여행을 가고 싶은지 물어보면 바로 몰타라고 답할 정도로 아이들은 몰타를 그리워하고 있다. 두 아이에게 몰타에 다녀와서 가장 좋았던 게 무엇이냐고 물어보았다. 큰아이는 외국인들과 소통하며 영어와 친해진 것 그리고 다른 나라 사람들과 특별한 경험을 할 수 있어서 좋았다고 했다. 그리고 자신이 몰타에 다녀온 후로 여행을 좋아한다는 사실도 깨달았다며 스위스에 도착했을 때 소설 속으로 들어온 기분이었다는 아이의 말에 괜히 내 마음도 몽글몽글해졌다.

작은 아이는 몰타에서 매일 수영할 수 있어서 좋았고 그곳에서 소중한 친구들을 얻어서 좋았다고 했다. 지난겨울에는 몰타에서 만난 친구들과 함께 스키장에 가서 밤새 이야기꽃을 피우는 아이들의 모습에서 행복이 피어올랐다.

아이들에게 힘든 점은 무엇이었냐고 물었더니 몰타의 타는 듯한 더위가 힘들었고 아빠가 보고 싶은데 볼 수 없어서 마음이 힘들었다고 했다. 아빠와 헤어진다는 사실이 처음에는 너무 슬펐지만 스스로 선택한 결정이니 몰타에서 잘 지내다 와야겠다고 계속 다짐했다는 큰아이의 말을 듣는 순간 코끝이 시큰해졌다.

큰아이는 아빠를 정말 사랑한다. 가끔은 엄마인 내가 둘 사이를 질투할 정도로 각별한 사이다. 몰타에 있는 동안 가끔은 그들의 관계를 내가 갈라놓은 기분이 들기도 했다. 몰타에서 이탈리아로 여행을 떠났을 무렵 한국에 있던 남편이 코로나에 걸려 무척 아파했을 때가 떠올랐다. 영상 통화를 하는 동안 온 가족은 눈물바다였다. 한국에서 홀로 지내며 외로움과 싸우다 이제는 감당하기 힘든 통증까지 견뎌야 하는 사람을 위해 우리가 해줄 수 있는 게 아무것도 없어 가슴이 저렸다. 그때 큰아이는 이제 아빠 없이는 절대 외국에 나가지 않겠다고 결심했다고 한다. 항상 곁에 있어서 몰랐던 가족의 소중함을 몰타에서 알게 되었다.

몰타로 떠나기 전 아이의 가장 큰 걱정은 다름 아닌 영어였다고 했다. 낯선 곳에서 모르는 사람들과 부족한 영어로 소통할 수 있을까? 라는 두려움이 아이의 마음에 자리하고 있었다는 말에 미안한 마음이 들었다. 시골 유학 대신 아이들에게 몰타에 가자고 했던 순간이 떠올랐다. 코로나 전 아이들과 함께 떠났던 치앙마이 한 달 살기의 달콤한 추억을 꺼내 그때처럼 몰타에서도 재미있을 거라고 아이들을 유혹했다. 아이들은 엄마 말만 믿고 선뜻 몰타행에 동참했다. 만약 그때 아이의 두려운 마음을 조금이라도 알았다면 내 마음도 흔들렸을지도 모를 일이다. 가끔은 몰라서 다행인 일도 있다. 지나고 보니 어쩌면 알고 있었지만, 모르는 척했던 건지도….

요즘 아이들은 꿈이 무엇이냐고 물어보면 대부분 유튜버, 연예인이라고 답한다고 하는데 큰아이의 꿈은 세계 일주라고 한다. 몰타에 가기 전에도 여러 나라를 여행했지만 대부분 휴양지에서 물놀이 한 것이 전부였다. 하지만 몰타에서의 삶은 휴양지와는 차원이 달랐다. 능숙하지 않은 영어로 학교생활부터 다양한 체육활동까지 아이에게는 하루하루가 어쩌면 고난과 시련의 연속이었는지도 모른다. 세상 어느 것도 고통과 인내 없이 달콤한 열매만을 얻을 수는 없다. 모든 것이

풍요로운 요즘 세상에 결핍을 모르고 살아가는 아이들이 있다. 부모가 인위적인 결핍이라도 만들어 아이들을 온실 속의 화초가 아닌 야생의 들판으로 던져 놓아야 한다고 생각한다. 타는 듯한 더위 그리고 살을 에는 추위도 겪어보고 온갖 시련을 겪은 후 맞이하는 봄은 여느 때의 봄과는 사뭇 다를 것이다. 아이를 사랑하지 않는 것은 아니나 결국 아이 스스로 꾸려나가야 하는 인생이다.

단순히 아이가 세계 일주를 꿈꾸어서 아이를 응원하는 건 아니다. 여행을 통해 아이가 얻은 다양한 경험의 가치를 존중한다. 여행이 더 넓은 세상에서 더 큰 사람으로 성장할 수 있는 자양분이 되기를 바란다. 때로는 여행이 친구가 되고 치유가 되고 쉼이 되기를 바란다. 어디를 향해 가든 너의 모든 출발을 엄마는 항상 응원할게!

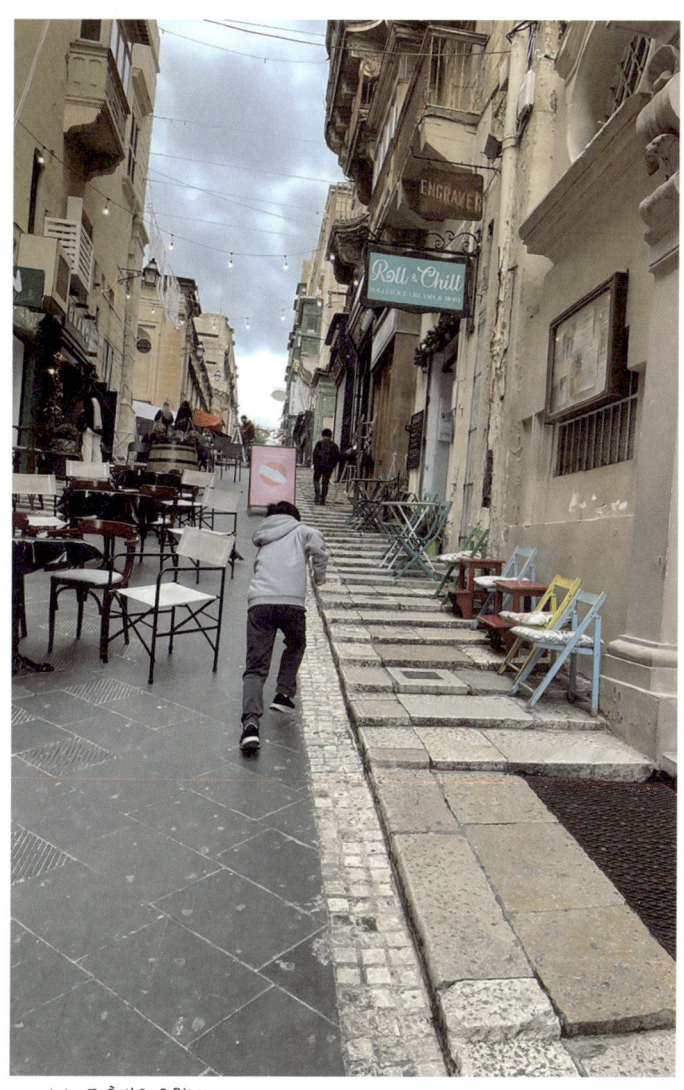

너의 모든 출발을 응원해

런던의 타워 브리지

PACE = 평화

우리들의 유럽 여행 이야기

아이들이 몰타 학교에 다니기 시작하면서 가장 먼저 학사 일정을 확인했다. 12월 말 크리스마스 시즌에는 2주 정도 짧은 방학을 하고 2월에는 카니발 연휴, 3월 말이 되면 10일 정도의 부활절 방학이 있다. 이런 연휴에는 집에만 있으면 왠지 억울한 마음이 들기 마련이다. 지금 우리가 있는 곳은 몰타이기 때문이다. 일 년간 몰타에 머무르며 우리가 누린 큰 혜택 중 하나는 저렴한 비행깃값(이탈리아 로마 왕복 1인 기준 5만 원, 2022년 기준)으로 마음만 먹으면 유럽 어디든 떠날 수 있었다는 것이다. 몰타에서 비행기를 타고 두세 시간만 날아가면 우리가 아는 유럽 대부분의 나라를 내 집 드나들 듯 다닐 수 있었다.

부모로서 가능하다면 아이들에게 다양한 세상을 보여주고 싶었다. 나에게 여행은 일상에 지쳐 있을 때 새로운 활력소가 되었다. 여행을 통해 내가 느낀 삶의 방식을 우리 아이들에게 골고루 나눠주고 싶은 마음으로 부지런히 유럽을 누볐다. 자신이 무엇을 좋아하는지 어떤 삶을 살고 싶은지 알아가는 과정에서 여행이 하나의 이정표가 되어주기를 바라는 마음이었다.

우리의 첫 유럽 여행지는 몰타에서 가장 가까운 나라인 이탈리아였다. 2월 로마에서 시작한 여행은 피렌체, 피사, 물의 도시 베네치아를 거쳐 뚱보의 도시로 불리는 볼로냐에서 마무리되었다. 부활절 휴가 기간에는 코로나 때문에 못 했던 여행에 대한 갈증을 해소하느라 정신없이 계획을 세우고 쉼 없이 떠났다. 오스트리아 빈과 잘츠부르크에서 본 4월의 설경은 낯설었지만 아름다웠다. 몰타에 돌아와 일주일 후 사이프러스로 여행을 떠났다. 다른 이유는 없었다. 그저 싸다는 이유로 떠났던 여행이었다. 사이프러스 여행을 준비하며 남과 북으로 나뉜 나라가 또 있다는 사실에 깜짝 놀랐고 리조트에서 울려 퍼진 <아기상어> 노래에 가슴이 뭉클해졌다. 4월 말 부활절 연휴가 끝날 무렵 지중해 크루즈에 탑승했다. 몰타에서 출발해 스페인 바르셀로나를 거쳐 마르요카를 지나 프랑스 마르세유에 정박한 후 마지막 목적지인 이탈리아 제노바에 도착하는 6박 7일간의 일정은 그간의 여행과는 사뭇 달랐다. 몸도 마음도 여유로운 여행이었다. 6월 말 우리는 비자 문제 때문에 불가리아로 떠나야만 했다. 불가리아는 계획에 없던 여행 일정이었지만 그곳에서 포기하지 않는 마음을 배웠다. 소피아를 떠나 헝가리 부다페스트에서는 아름다운 다뉴브 강에 뿌려진 수많은 눈물방울에 울컥한 마음이 솟아올랐다. 한여름의 세체니 온천은 뜨거웠지만 매끈거렸다.

여행지에서 먹은 다채로운 음식은 그곳을 더 생생하게 떠올리게 한다. 8월 프랑스 파리에서 먹은 달팽이는 쫄깃했고 영국에서 먹은 브런치는 런던의 아침을 달콤하게 열어주었다. 스위스 융프라우에서 맛본 신라면은 인생 최고의 라면으로 기억한다. 전력 질주하며 떠났던 유럽 여행을 통해 눈으로 코로 입으로 마음으로 다양한 세상을 맛보았다. 자유로이 떠날 수 있음에 아이들에게 새로운 세상을 보여줄 수 있음에 모든 시간이 소중하고 감사했다. 몰타이기에 가능했던 우리들의 유럽 여행 이야기 지금 시작합니다!

부다페스트 세체니 온천

파리 루브르 박물관의 상징 유리 피라미드

로마의 상징 콜로세움

세상에서 가장 작은 나라 바티칸 시국

어서와 이탈리아는 처음이지?

2022. 2. 27 - 3. 7 8박 9일

2월 말 연휴가 생겨 아이들과 몰타에 온 이후 처음으로 해외 여행을 떠나게 되었다. 모처럼 여행을 떠날 생각에 설레었다. 첫 여행지는 몰타에서 가장 가까운 나라인 이탈리아로 결정했다. 일단 로마에 가서 바티칸, 콜로세움을 보고 피렌체로 이동해 우피치 미술관 투어 후 피사의 사탑을 보고 몰타로 돌아오는 5박 6일의 일정이었다. 하지만 늘 여행에는 변수가 생기기 마련이다. 로마에서 투어가이드에게 나는 이런 질문을 던졌다. "이탈리아 여행에서 꼭 가봐야 할 도시가 어디인지 추천해 주실 수 있나요?" 두 명의 가이드는 한 치의 망설임도 없이 물의 도시 베네치아라고 답했다. 이탈리아어로는 베네치아, 영어로는 베니스라고 불리는 도시. '지금 아니면 언제 또 이탈리아에 올 수 있겠어'라는 마음으로 나는 과감하게 여행 일정을 수정했다. 그래서 우리의 첫 이탈리아 여행은 로마 3박, 피렌체 2박, 베네치아 2박 볼로냐 1박까지 포함해 총 8박 9일의 일정으로 수정했다.

아이들도 나도 이탈리아는 처음이라 긴장했다. 여행을 떠나기 전 워낙 소매치기와 노숙인이 많다는 이야기에 마음을 졸이기도 했다. 아이들에게 이탈리아에 도착하면 우리 주위를 잘 살펴봐야 한다고 말해두었다. 그 덕분인지 아이들은 로마에 도착하자마자 평소와 다른 행동을 했다. 건널목에서 신호를 기다리는 동안 큰아이는 내 앞에서 작은아이는 내 뒤에서 가방을 지켜주었다. 그 모습이 얼마나 사랑스러운지 내 아들들이지만 참 든든하고 기특한 마음이 들었다. 하지만 아이들의 노력에도 불구하고 내가 멘 가방의 지퍼가 두 번이나 열리는 일이 발생했다. 불행 중 다행인 것은 가방에 중요한 물건을 넣지 않아 잃어버린 물건은 없었다. 혹시나 하는 마음으로 소매치기가 훔쳐 가도 여행하는데 전혀 지장이 되지 않는 물건만 가방에 넣어 둔 것은 신의 한 수였다. 하지만 아이들은 가방이 열린 것을 발견하고는 소스라치게 놀랐다. 분명 본인들이 잘 지키겠다며 자신했는데 어느 틈에 가방이 열린 것인지 전혀 눈치챌 수 없었기 때문이다. 무기력하게 입을 벌린 가방에 놀란 아이들은 그 후로 더 열심히 주위를 살폈고 우리는 무사히 로마 여행을 할 수 있었다.

이탈리아 로마에 도착한 것은 2월 27일. 이탈리아 날씨는 화창하다 못해 눈이 부셨다. 한국에서의 2월 날씨를 떠올려 보면 눈 뜨자마자 핸드폰으로 미세먼지가 얼마나 나쁜지부터 확인했는데 로마의 하늘은 참 푸르고 맑았다. 첫날은 한국인 가이드와 함께 바티칸 시국 투어를 했다. 세상에서 가장 작은 나라인 바티칸 시국에는 세계에서 가장 큰 성베드로 성당이 있다. 성 베드로 광장 앞에는 도로 위에 흰색 선이 있는데 이것이 이탈리아와 바티칸의 국경이라고 했다. 몇 걸음만으로 다른 나라로 이동 가능하다는 이야기를 듣더니 아이들은 로마와 바타칸시국 사이를 몇 번이나 넘나들며 초스피드 세계 여행을 즐겼다. 성베드로 성당 안으로 들어가면 미켈란젤로의 피에타를 만날 수 있다. 방탄유리 넘어 한없이 자비로운 표정의 성모마리아를 보니 저절로 마음이 숙연해졌다. 다음 목적지는 바티칸 박물관으로 미켈란젤로의 천지창조를 비롯해 최후의 심판 그리고 카라바조, 레오나르도 다 빈치 등

이름만 들어도 고개가 절로 끄덕여지는 유명한 작가들의 작품이 끝없이 펼쳐졌다. 코로나로 인해 우리는 줄 서지 않고 원하는 작품을 보고 싶은 만큼 감상할 수 있었고 사진도 마음껏 찍을 수 있었다. 아이러니하게도 코로나 시국이라 여행하기 참 좋은 타이밍이었다.

다음날은 판테온과 트레비 분수, 콜로세움 일정이었다. 책 속에서만 보던 유적지를 눈으로 보는 신기함에 아이들도 나도 "대박", "우아" 감탄사를 연발했다. 아이들이 감탄할 때마다 유적지 한 번 아이 얼굴 한 번 번갈아 가며 쳐다보느라 바빴다. 엄마로서 괜히 흐뭇해지는 순간이었다. 유럽 여행의 시작과 끝은 로마라고 누군가 말했는데 그 말에 전적으로 동의한다. 발걸음 옮길 때마다 고대의 역사가 곳곳에 펼쳐져 있는 기분이었다. 로마에서 삼 일간 머무르며 하루 삼만 보씩 걸어 다녔다. 힘들다며 투덜거리는 아이들에게 맛있는 젤라토 하나를 쥐여주면 다시 또 걸을 수 있었다. 로마의 마지막 날 우리는 시내 야경 투어를 신청했다. 낮에 본 콜로세움과 노을이 붉게 물든 하늘을 배경으로 한 콜로세움은 분명 같은 건축물이지만 확연히 달랐다. 밤에 보는 콜로세움은 찬란했다.

화려한 로마 야경 투어를 끝으로 우리는 다음 여행지인 피렌체로 향했다. 피렌체는 이탈리아에서 내가 가장 가 보고 싶은 도시이기도 했고 아이들이 꼭 보고 싶다고 한 피사의 사탑을 가기 위한 거점이기도 했다. 역사의 산실인 이탈리아에서 빼놓을 수 없는 것이 미술관이나 박물관 투어라고 해서 우리는 이번에도 투어가이드의 도움을 받기로 했다. 모르고 보는 것과 알고 보는 것의 차이는 같은 작품을 전혀 다른 시선으로 볼 수 있도록 해주었다. 미리 우피치 미술관 투어를 신청해 두었다. 당시 코로나로 인해 로마에서도 우리는 두 번이나 단독 투어를 하는 행운을 얻었고 피렌체에서도 신청자가 우리밖에 없다는 가이드의 말에 조금 미안한 마음이 들기도 했다.

우피치 미술관은 르네상스 시대의 주요한 작품을 만날 수 있는 곳으로 메디치 가문의 집무실로 사용하기 위해 지어진 건물이다. 우피치는 이탈리아어로 집무실이란 뜻이다. 우피치 미술관에는 비너스의 탄생(보티첼리), 메두사의 머리(카라바조) 등 미술책에서 많이 보았던 작품뿐만 아니라 어디서 많이 본 것 같지만, 작가 이름은 몰랐던 작품들이 무수히 전시되어 있었다.

투어를 시작한 지 세 시간이 넘어가자 발걸음이 점점 무거워졌다. 가이드에게 이렇게 세 시간씩 걸으며 이야기를 하면 힘들지 않냐고 물어보니 원래 우피치 미술관은 그런 곳이라며 웃었다. 걷기만 했는데도 지쳐버린 우리와 달리 그녀에게는 여유가 흘러넘쳤다. 투어를 마친 후 긴 시간 친절하게 설명해 준 가이드에게 감사 인사를 전하고 미술관 밖으로 나오니 어느새 노을이 지기 시작했다.

예약해 둔 식당으로 향하는 길목 어딘가에서 맛있는 음식 냄새가 폴폴 났다. 금세 허기가 느껴졌다. 아이들도 나도 발걸음이 빨라졌다. 우리가 예약한 식당은 피렌체에서 꼭 먹어봐야 한다는 스테이크 전문 식당 '달오스 떼'이다. 식당 입구에는 붉은 형광등 조명 아래 생고기가 전시되어 있어 꼭 정육점을 연상케 했다. 레스토랑 안으로 들어가니 식탁 위에는 반짝이는 와인 잔과 촛불로 화려하게 장식되어 있었다. 식당을 둘러보니 아이와 온 사람은 나뿐이었다. 다들 연인 또는 지인들끼리 식사를 하러 온 듯했다. 테이블 위의 와인 잔을 보니 한국에 혼자 있는 남편 생각이 났다. 남편은 와인을 사랑한다. 좋아한다는 표현으로는 부족하다. 그는 코스트코에 가면 와인 코너에서 하루 종일 서 있으라고 해도 서 있을 사람이다. 이렇게 분위기 좋은 곳에서 맛있는 스테이크와 와인을 마시면 얼마나 행복할까? 남편 없이 아이들과 나만 피렌체를 즐기려니 마음이 무거워졌다. 남편 생각이 피어오르는 찰나에 종업원이 따끈한 식전 빵을 내어왔다. 새콤한 발사믹 소스에 찍어 한입 넣자 입안이 즐거워졌다. 빵을 다 먹어갈 무렵 우리가 주문한 스테이크와 스파게티가 테이블 위를 가득 채웠다. 스테이크를 잘라 한입 씹는 순간 '지금까지 내가 먹었던 스테이크는 모두 가짜였구나'라는 생각이 들었다. 입안에서 고기가 녹는다는 말은 이럴 때 쓰는 거라는 확신이 들 정도로 부드러웠다. 조금 전까지만 해도 나의 머릿속을 가득 채운 남편 생각이 순식간에 어디론가 사라져 버렸다. 미안해 여보.

"와인 보니까 아빠 생각나, 아빠 보고 싶어"를 연발하던 아이들도 음식을 먹느라 조용해졌다. 잠시 뒤 테이블 위에는 빈 접시만 덩그러니 놓여 있었다.

언제가 될지는 모르지만, 남편과 피렌체에 가게 된다면 꼭 이 식당에 들러 와인 한 잔과 함께 부드러운 스테이크를 맛보리라 다짐하는 순간, 턱 양쪽 침샘에서 침이 마구 쏟아졌다. 생각만으로도 그리운 나의 피렌체. 아니 피렌체의 스테이크.

입에서 살살 녹았던 피렌체의 스테이크

PACE 베네치아에서 화장실 찾아 삼만리

아이들이 이탈리아에서 꼭 보고 싶어 했던 건축물이 두 가지가 있었다. 하나는 피렌체에 있는 멧돼지 동상이고 나머지 하나는 피사의 사탑이다. 멧돼지 동상은 만화책 쿠키런에서 봤다며 가서 꼭 멧돼지의 코를 만져야 한다고 했다. 왜냐고 물으니 멧돼지 코를 만지면 다시 피렌체에 올 수 있다는 이야기가 책에 나온다고 했다.

나머지 하나는 피사의 사탑이다. 당일치기로 다녀오기로 해서 피렌체에서 기차를 타고 피사 중앙역에서 환승 한 후 피사에 도착하는 쉽지 않은 일정이었지만 피사의 사탑을 보는 순간 힘들어도 오길 참 잘했다는 생각이 들었다.

피사의 사탑은 기차역에 내리면 멀리서도 눈에 띌 정도로 높은데 실제 피사의 사탑 높이는 55m다. 현재 피사의 사탑 기울기의 각도는 약 5.5°이고 실제로 보면 사진으로 볼 때보다 훨씬 더 많이 기울어진 것처럼 느껴졌다. 피사의 사탑에 가까워질수록 어딘가 이상했다. 커다란 현수막이 피사의 사탑을 휘감고 있었다. 자세히 보니 'PACE'라는 글자가 적혀있었다. 무슨 의미인지 궁금해 찾아보니 'PACE'는 이탈리아어로 평화라는 단어였다. 우리가 여행할 무렵은 러시아-우크라이나 전쟁이 발발해 전 세계의 이목이 쏠리던 시기였다. 아마 전쟁의 종식을 바라는 마음으로 피사의 사탑에 'PACE'라는 현수막을 걸어둔 게 아닐까 하며 아이들에게도 현수막이 어떤 의미인지 알려주었다.

　아이들과 다양한 표정과 몸짓으로 인증샷을 찍다 보니 어느새 현수막이 사라지고 없었다. 오른쪽으로 기울어진 피사의 사탑을 볼 때마다 나도 모르게 고개가 자꾸 왼쪽으로 기울여졌다. 저렇게 높은 건물이 기울어진 채 쓰러지지 않고 버티고 있는 모습이 그저 놀라울 뿐이었다. 아이들과 함께 멀어져 가는 피사의 사탑을 바라보며 하루빨리 전쟁이 종식되길 기도하며 우리는 피렌체로 돌아왔다.

　날이 밝자마자 원래 일정에는 없었던 베네치아로 향했다.

로마에서 두 명의 투어가이드가 이탈리아에 오면 꼭 들러야 하는 도시로 추천했던 곳. 베네치아는 물의 도시답게 여러 개의 섬으로 이루어져 있고 섬과 섬을 이동할 때 수상 버스인 바포레토를 타야 한다. 여기저기 이동하며 바포레토를 타는 일이 처음에는 재미있었지만 여러 번 타다 보니 감흥이 떨어졌고 나중에는 시간에 맞춰 타야 하니 오히려 불안하기까지 했다. '베네치아' 하면 사람들은 가장 먼저 곤돌라를 떠올리게 마련이다. 곤돌라는 주로 관광객들이 이용하며 특정 구간에서만 탈 수 있다. 우리가 도착했을 때 베네치아 곳곳에서 좋지 못한 냄새가 났다. 역한 하수구 냄새가 곤돌라가 지나다니는 뱃길을 따라 올라왔다. 곤돌라를 타보고 싶은 마음이 사라질 정도로 지독했다. 결국 우리는 곤돌라를 타지 않았다. 지금 돌이켜 보면 '그래도 그때 한번 타볼걸' 하는 아쉬움이 남는다. 언제 다시 베네치아에 갈 수 있을지 모르니. 어쩌면 평생 베네치아에 못 갈지도 모를 일이다. 여행지에서는 다음을 기약하기보다는 여행하는 그 순간을 누려야 한다는 사실을 베네치아 여행으로 깨달았다.

 몇 해 전에는 집중호우와 만조가 겹쳐서 베네치아 도시의 90 프로가 수해를 입었다고 한다. 우리가 간 산마르코 광장에도 물에 잠겼던 흔적이 고스란히 남아있었다. 사실 베네치아로 오자고 결심한 가장 큰 이유도 30년 뒤에는 베네치아가 물에 잠겨서 없어질지도 모른다는 이야기 때문이었다. 환경오염으로 인해 지구온난화가 가속화되고 그에 따른 해수면 상승으로 진짜 상상할 수 없는 일들이 지금도 일어나고 있고 앞으로는 어떤 일이 일어날지 가늠조차 할 수 없다. 베네치아를 여행하며 아이들에게 이런 이야기를 들려주니 학교에서도 배웠다며 사람들이 환경을 보호해서 30년 뒤에도 베네치아가 그대로 있었으면 좋겠다고 했다. 어른이 되었을 때 다시 한번 베네치아에 오고 싶다며. 아름다워서 다시 오고 싶은 것이 아니라 그때에도 베네치아가 그대로 존재해 주길 바라는 마음으로 오고 싶다고 했다. 아이들의 간절한 마음이 나에게도 전해졌다. 30년 뒤의 베네치아를 생각하니 괜히 나도 울컥해졌다.

베네치아는 분명 아름다운 도시이다. 리알토 다리 위에서 바라본 노을은 살면서 내가 본 최고의 노을 중 하나였다. 하지만 나에게 베네치아는 기대가 크면 실망도 크다고 하는 말이 딱 떠오르는 도시였다. 탁한 바닷물에 실망했고 알 수 없는 냄새에 코를 막게 하는 그야말로 첫인상은 별로인 여행지였다. 오버투어리즘으로 몸살을 앓고 있어 그런지 베네치아 사람들 표정 또한 밝아 보이지 않았다. 상상 속 베네치아 말고 진짜 베네치아를 보고 나니 버킷리스트 하나가 사라진 기분이었다. 그래도 괜찮으니까 30년 뒤에도 지금 그대로 머물러줘 베네치아.

사실 이탈리아를 여행하는 동안 가장 힘들었던 것이 있다. 바로 화장실 문제. 작은 아이는 어릴 때부터 유난히 외출할 때마다 화장실에 자주 갔다. 한국에서도 장거리를 갈 때마다 늘 화장실이 말썽이었다. 다음 휴게소에 도착하려면 한참 가야 하는데 차 안에서 난리법석을 떨었다. 작은 아이의 초조함이 운전하는 나에게도 전해져 가끔은 정신이 혼미해질 때도 있었다. 고속도로에서 갓길에 차를 세운 일도 여러 번. 하지만 여기는 우리나라도 아니고 이탈리아.

유럽을 여행하며 우리나라가 가장 살기 좋다는 말이 더 절실하게 와닿았다. 특히 이탈리아를 여행하는 매 순간 우리나라가 떠올랐다. 이탈리아는 거의 모든 화장실이 유료다. 공공화장실의 개념이 없다. 심지어 기차역에 있는 화장실도 돈을 내야 한다. 화장실에 들어가려고 하면 무조건 돈을 먼저 내야 들어갈 수 있는 시스템이다. 지하철역에서 흔히 볼 수 있는 회전식 개찰구가 화장실 입구에 설치되어 있다. 가끔은 화장실 사용료를 걷는 직원이 배치된 화장실도 있다. 베네치아에서는 화장실 이용 비용으로 인당 2유로를 내야 했다. 동생이 화장실이 급하다 하니 안 가던 형까지 조바심이 생겼는지 둘 다

화장실에 가야 한다고 했다. 좀 더 싼 화장실을 찾고도 싶었지만 그러다 불상사가 생길지도 모르니 쿨한 척 허락할 수밖에 없었다. 하지만 둘이 가면 4유로. 화장실 한 번 가는데 우리나라 돈으로 거의 6천 원이 드는 셈이다. 유럽을 여행하며 화장실 비용으로 도대체 얼마를 쓴 건지 따로 계산해 보지 않았지만 아마 몇만 원은 족히 넘을 것 같다.

  피사에서도 비슷한 일이 있었다. 화장실에 가려면 동전이 필요한데 마침 가지고 있던 동전이 똑 떨어졌다. 급하다는 아이 손을 잡고 여기저기 뛰어다녀봐도, 아무리 주위를 둘러봐도 유료 화장실이 보이지 않았다. 눈에 띄는 것은 레스토랑뿐. 결국 레스토랑 주인에게 아이가 소변이 너무 급하다, 내가 화장실 사용료를 지불할 테니 사용하게 허락해 달라고 부탁했다. 미소를 지으며 그러라고 해서 작은 아이는 가까스로 위기를 모면할 수 있었다. 직원에게 화장실 이용료는 얼마냐고 물으니 아무렇지 않게 5유로를 내라고 했다. 처음에는 잘못 들은 줄 알고 50센트냐고 다시 물었더니 커다란 손가락 다섯 개를 쫙 펼치며 5유로라고 했다. 아니 화장실 한 번 갔는데 7천 원이라고? 재차 5유로라는 이야기를 들으니 진짜 날강도가 따로 없구나라는 생각에 한숨이 절로 나왔다. 지갑에서 5유로를 꺼내 그의 손에 올려놓으며 나는 썩소를 날렸다. 그리고 "땡큐!"라고 강하게 말한 뒤 다음 목적지로 발길을 돌렸다. 살면서 가장 비싼 화장실 사용료를 지불했다. 이탈리아를 여행하는 동안 작은 아이는 화장실에 다녀올 때마다 "엄마 미안해. 나 때문에 또 화장실에 돈을 썼네"라며 얼굴에는 후련함이, 목소리에는 미안함이 묻어 있었다. "어쩔 수 없지…." 말로는 다 괜찮다고 했지만, 사실은 말이야 너무너무 비싸서 좀 아깝기는 했어!

여행지에서의 추억은 그곳에서 어떤 이벤트가 있어야 더 선명하게 기억나는 법이다. 여행에서 평상시와 다름없는 하루를 보낸다면 떠오르는 기억이 없을지도 모른다. 이탈리아에서 화장실 찾아 삼만리 같은 이벤트가 없었다면 아직도 생생하게 떠오르는 피사의 화장실 에피소드를 전할지 못했을 것이다. 화장실 찾아서 질주했던 로마, 피렌체, 피사, 볼로냐 모든 기억이 생생하게 남아있다. 문득 이런 기억을 떠올리게 해준 작은 아이에게 새삼 고마운 마음이 든다. 이탈리아에서의 8박 9일을 엄마는 평생 잊지 못할 것 같다. 너의 손을 잡고 화장실을 찾아 헤매던 이탈리아의 골목길을.

베네치아 리알토 다리 위에서 바라본 노을

백여 년이 다 되어가지만 여전히 건축 중인 바르셀로나 사그라다 파밀리아 성당

크루즈의 꽃은 지중해라면서요?

2022. 4. 21 - 4. 27 6박 7일

2019년 친구들과 첫 크루즈 여행을 떠났다. 싱가포르에서 출발해 말레이시아 페낭, 랑카위를 돌아 다시 싱가포르로 돌아오는 여정이었다. 비록 짧은 일정이었지만 크루즈 여행의 묘미를 맛볼 수 있었다. 크루즈 여행의 장점은 한 번의 체크인으로 여러 나라를 방문할 수 있다는 것과 여행 가방을 쌓다 풀었다 하지 않아도 되며 모든 일정에 숙식이 모두 포함되어 있다는 것이다.

보통 호텔에서 숙박할 경우 조식이 포함된 곳도 있지만 대부분 별도 비용을 내야 한다. 하지만 크루즈 여행은 삼시세끼가 모두 제공된다. 물론 크루즈 비용에 다 포함이 되어있긴 하지만 어디를 가든 무엇을 먹을지가 가장 큰 고민거리인 나 같은 사람에게 크루즈 여행은 걱정거리 하나를 덜어줘 아주 매력적인 여행 상품이다. 첫 크루즈 여행을 마치고 집으로 돌아오면서 다음에는 꼭 가족과 함께 크루즈 여행을 가리라 다짐했다. 그리고 2022년 4월 몰타에서 그 기회가 찾아왔다.

아이들과 몰타에서 일 년 살기를 하는 동안 동유럽, 서유럽 가리지 않고 참 부지런히 돌아다녔다. 나라에서 나라로 이동할 때는 비행기를 이용했고 도시에서 도시로 움직일 때는 기차를 타고 이동했다. 그러던 어느 날 색다른 여행은 없을까 하고 고민하던 차에 우연히 크루즈 여행 사이트가 눈에 띄었다. '그래 크루즈가 있었지? 이번에는 크루즈 여행이다!' 사이트에서 다양한 크루즈 상품을 보고 왜 이제야 떠올랐는지 안타까운 기분이 들었다.

보통 한국에서 출발하는 크루즈 여행은 인당 4백만 원에서 5백만 원 정도 한다. 몰타에서 내가 예약한 크루즈 여행은 어른 한 명, 초등 아이 두 명 비용이 150만 원이었다. 그것도 최신 건조된 선박에 몰타 발레타에서 출발해 스페인 바르셀로나와 마르요카를 거쳐 프랑스 마르세유에 정박한 후 이탈리아 제노바항에 도착하는 6박 7일간의 일정이었다. 3인 기준 150만 원으로 3개국을 여행할 수 있다니 이 얼마나 아름다운 가격인가? 보통 크루즈 객실은 내부 객실과 외부 객실로 나뉘는 데 내부 객실은 저렴하지만, 창문이 없어 답답함을 느낄 수 있다. 외부 객실의 경우 창문만 있는 방도 있고 발코니가 있는 객실도 있다. 발코니 객실의 경우 가장 비싸지만 가장 먼저 예약이 완료되는 인기 있는 타입으로 동남아 크루즈에서도 발코니 객실을 이용했던 터라 이번에도 발코니 객실을 예약했다. 창을 열고 발코니로 나가면 발아래로 끝없이 펼쳐질 지중해를 매일 상상하며 부활절 방학이 빨리 오기만을 손꼽아 기다렸다.

드디어 크루즈에 탑승하는 날. 오후 5시 배가 출항을 알리며 움직이기 시작했다. 하지만 평소보다 거칠게 불어대던 바람이 이내 심상치 않음을 알아챘다. 처음에는 배가 꿀렁대더니 창밖으로 하얀 파도가 휘몰아치기 시작했다. 출항하자마자 시작한 아이들 요리 수업 시간, 테이블 위에 놓인 접시가 옆으로 스르르 밀려났다. 스피커에서는 오늘은 파도가 심해서 배가 많이 흔들리지만 걱정할 필요가 없다는 방송이 여러 차례 흘러나왔다. 자꾸 괜찮다는 방송을 들으니 더 불안한 마음이 드는 건 왜일까? 머리는 어질어질하고 속이 메슥거렸다. 이상하다. 분명 동남아 크루즈에서는 배를 탄 건지 안 탄 건지도 모를 정도로 고요했었는데 지금 이게 무슨 일인가?

내 기억에 오류가 있었던 것은 아닌지 다시 곱씹어 보지만 분명 함께 여행했던 친구들도 흔들림이 거의 안 느껴져서 너무 좋았다고 했던 말이 떠올랐다. '뭐지? 왜 이 순간 영화 「타이타닉」이 떠오르는 거야?' 꽃미남 디카프리오와 케이트 윈슬렛의 슬픈 사랑 이야기를 알 리 없는 아이들의 얼굴은 그저 해맑다. 요리 수업을 하는 건지 바이킹을 타는 건지 분간할 수 없을 정도로 배가 심하게 요동쳤지만, 아이들의 요리는 완성되었다.

흔들린 몸과 마음을 위해 잠시 휴식을 취한 뒤 저녁 식사를 위해 식당으로 향했다. 식당 입구에는 오렌지와 멜론, 당근으로 만든 귀여운 동물 장식이 우리를 반겨주었다. 고기 요리부터 햄버거, 샐러드, 빵, 쿠키, 아이스크림까지 뷔페식으로 차려진 다양한 음식들을 보더니 아이들은 흡족한 얼굴로 "엄마 여기 있는 음식은 다 먹어도 돼?"라고 물었다. 너무 욕심내지 말고 원하는 만큼 먹으라는 대답을 듣자마자 아이들은 서둘러 음식을 가지러 갔다. 한 접시, 두 접시 가득 들고 오더니 금세 먹는 속도가 줄어든 아이들은 맛있는 디저트를 다 맛보지 못했다며 오늘 못 먹어본 음식들은 내일 꼭 먹겠다는 야무진 계획을 세우며 객실로 돌아갔다.

지중해 크루즈 여행의 첫날은 멀미로 배를 채웠는지 음식으로 머리를 채웠는지 알 수 없는 기분으로 잠자리에 들었다. 내일부터는 놀이동산의 회전목마도 싫으니 그저 내 집 안방처럼 편안하고 잔잔한 바다를 만나게 해달라고 빌며 눈을 감았다. '잘생긴 디카프리오 생각도 더는 안 하고 싶어요. 제발…'

크루즈 여행의 둘째 날 아침이 밝았다. 커튼을 열자 윤슬이 반짝이는 바다가 수평선까지 펼쳐졌다. 다행히 바다는 고요했다. 휴 다행이다. 오늘은 발레타에서 스페인 바르셀로나로 이동하는 날로 하루 종일 배 안에서 시간을 보내야 한다. 이번 크루즈 여행은 몰타에서 만난 아이들 친구 가족과 동행했다. 높은 파도 때문에 밤새 멀미로 힘들었다며 지인의 얼굴에는 피로가 고스란히 묻어났다. 어른들은 멀미로 힘든 밤을 보냈지만, 아이들은 친구와 함께하는 여행에 어제보다 더 들뜬 표정이었다. 아침 식사 후 워터파크에서 물놀이 할 예정이라고 하니 아이들은 누가 쫓아오는 것도 아닌데 서둘러 음식을 먹기 시작했다. 마침 창가에 앉아 드넓은 바다를 배경으로 우아하게 아침을 먹는 노부부의 모습에 자꾸 눈길이 멈추었다. 서로를 바라보며 아침을 즐기는 그들의 여유가 참으로 부러울 뿐.

우리가 탑승한 MSC 선사의 그란디오사 호는 18만 톤으로 2,400여 개의 객실을 보유한 초대형 크루즈다. 배 안에는 워터파크, 스파, 실내외 수영장, 정찬 레스토랑과 뷔페 레스토랑 그리고 쇼핑몰 등 진짜 없는 것 빼고 다 있다. 작은 도시하나를 배 안에 다 가져다 놓은 것처럼 엄청난 규모를 자랑하는 크루즈였다. 수없이 많은 객실 사이에서 우리 방을 찾는 일이 생각보다 간단하지 않았다. 하지만 아이들은 우리가 몇 층에 있는지, 어느 쪽에 있는 엘리베이터를 타면 식당, 수영장, 워터파크로 빨리 이동할 수 있는지 승선 하루 만에 파악했다. 늘 미로를 헤매는 기분인 나와는 달리 아이들은 항상 나보다 앞서 걸었고 우리 방 위치를 나보다 더 정확하고 빠르게 찾았다.

방으로 돌아온 아이들은 수영복으로 갈아입자마자 수영장으로 향했다. 수영장에는 항상 라이프가드가 상주해 있었기에 아이들끼리 실내와 실외 수영장을 번갈아 가며 물놀이를 해도 안심이 되었다. 물놀이라면 24시간 내내 하라고 해도 할 아이들 덕분에 어른들은 지중해 바다 위에서 커피 한 잔의 여유를 선물 받았다. 크루즈에는 키즈카페를 비롯해 다양한 어린이 액티비티 시설이 있어서 아이들은 놀이의 즐거움을 누릴 수 있었다. 어른들은 아침에 상쾌한 바닷바람을 맞으며 요가를 할 수도 있고 밤에는 신나는 음악과 조명으로 물든 선상 파티에 동참해 색다른 추억도 만들 수 있는 곳이 크루즈다.

매일 밤 대극장에서는 무료 공연이 펼쳐진다. 아이들은 공연에 그다지 관심이 없었지만, 뭐라도 더 보여주고 싶은 마음에 일단 한번 가서 보고 오늘 재미없으면 내일은 안 가도 괜찮다며 했더니 마지못해 엄마를 따라나섰다. 화려한 무대와 멋진 배우들의 노래에 가슴이 뛴 나와는 달리 아이들은 아무런 감흥을 느끼지 못한 모양이다. 이튿날부터 홀로 공연장을 찾았다. 우리는 서로의 다름을 조금씩 알아가는 중이다.

승선 후 사흘 만에 첫 번째 기항지인 스페인 바르셀로나에 도착했다. 기항지 투어는 주어진 시간 안에서 관광을 하고 크루즈로 돌아와야 하기에 계획을 잘 세워야 한다. 바르셀로나에서 우리는 가우디의 숨결을 느낄 수 있는 구엘 공원과 사그라다 파밀리아 대성당을 둘러보기로 했다. 구엘 공원은 자연과 건축물의 조화가 아름다운 곳으로 곡선의 미를 느낄 수 있었다. 공원 정상에 있는 벤치는 깨진 타일 조각으로 장식되어 있는데 마치 예술 작품을 보는 듯한 느낌이 들 정도로 화려하다. 앉아 보면 딱딱한 의자이지만 왠지 편안한 느낌이 들었다. 후에 안 사실이지만 가우디는 직접 사람을 앉혀보고 각도를 고려해 인체공학적으로 벤치를 설계했다고 한다. '직선은 사람이 만든 선이고 곡선은 신이 만든 선'이라는 말을 남긴 가우디의 다양한 건축물은 바르셀로나를 대표하는 상징으로 자리 잡았다.

사그라다 파밀리아 성당은 가우디가 설계한 마지막 건축물로 그가 불의의 교통사고로 사망하기 전 겨우 25%만 지은 상태였다고 한다. 가우디 사후 100년(1926년 사망)이 되어가지만 여전히 건축 중인 사그라다 파밀리아 성당은 밖에서 바라보면 경이롭고 내부에서 보면 신비롭다. 미완성 건축물을 보고도 감탄이 이어지는데 과연 완공 후에는 어떤 모습일지 기대가 된다. 바르셀로나에서 버킷리스트 하나를 추가했다. 완공된 사그라다 파밀리아 성당에 다시 오는 것. 너무나 짧아서 아쉬웠던 기항지 투어를 마친 우리는 바르셀로나와도 이별했다.

스페인 바르셀로나를 떠나 마르요카를 거쳐 마지막 기항지인 프랑스 마르세유에 도착했다. 크루즈 안에 있는 워터파크에 푹 빠진 아이들은 기항지 투어 대신 배 안에서 놀겠다며 하선을 거부했지만, 아이들만 두고 내릴 수는 없는 일. 여기가 한국도 아니고 프랑스라고 이 간 큰 어린이들아!

보통 크루즈 여행의 경우 큰 유람선이 정박할 수 있는 항구 도시가 기항지가 된다. 마르세유는 프랑스에서 파리, 리옹 다음으로 큰 도시이지만, 마르세유 여행 정보는 좀처럼 찾기 어려웠다. 코로나 이전 정보로 그나마도 '위험하다', '인종 차별이 심하다' 등 부정적인 내용뿐이라 배에서 내리기 전 걱정을 많이 했다. 나의 우려와 달리 우리가 만난 마르세유는 평온한 유럽의 여느 도시와 별반 다르지 않았다. 바닷가에 즐비한 해산물 레스토랑에서 맛본 홍합 요리에 입이 즐거워졌고 꼬마 버스를 타고 마르세유 정상에 있는 노트르담 드 라 가르드 성당에서 내려다보는 마르세유 전경은 황홀하기만 했다. 우리가 아는 노트르담 대성당은 파리에 있으며 이곳과 이름은 비슷하지만, 엄연히 다른 성당이다. 마르세유의 상징으로도 유명한 노트르담 드 라 가르드 성당에 가면 눈이 부시도록 아름다운 바다와 하늘이 만나는 마르세유를 한눈에 담을 수 있다. 사실 특별히 기억날 만한 이벤트가 없었던 마르세유였지만 성당 안 붉은 촛불 아래에서 아이들이 두 손 모아 기도드렸던 그 장면은 내 머릿속에 아직도 선명하게 남아있다. 너희들의 기도가 무엇인지 궁금하지만 묻지 않을게. 다만 꼭 이루어지길 바라.

6박 7일간의 크루즈 여행 마지막 날 절대 잊을 수 없는 경험을 했다. 이번 여행의 종착지인 이탈리아 제노바항에 도착해 크루즈에서 하선했다. 몰타로 돌아가기 위해 우리는 밀라노국제공항으로 이동해야 했다. 제노바역에서 밀라노행 기차를 기다리고 있을 무렵 지인이 여권을 꺼내는 것을 보고 내 여권도 잘 있겠지 하며 가방 안을 확인했다. 워낙 소매치기가 많은 나라다 보니 항상 주의를 기울여야 했기에 가방 깊은 곳에 여권을 넣어두었다. 하지만 아무리 찾아봐도 여권을 넣어둔 파우치가 보이지 않았다. 갑자기 등줄기에서 식은땀이 타고 흘러내렸다. 눈앞이 흐려지는 기분. 아뿔싸. 그제야 배 안에 여권을 놔두고 온 것이 떠올랐다. 아이들에게는 엄마가 금방 여권을 찾으러 다녀올테니 조금만 기다리고 있으라고 말했다. 백 미터 달리기 선수라도 된 것처럼 정신없이 크루즈 항구로 뛰어갔다. 다행히 우리가 탔던 크루즈가 아직 떠나지 않고 정박해 있었다. 출구에 있는 선원에게 나의 사정을 이야기했더니 그가 어딘가로 전화를 걸었고 잠시 후 그가 기다리라는 말을 남기고 크루즈로 뛰어 들어갔다. 그가 나타날 때까지 한참 동안 기다려야 했다.

밀라노로 향하는 기차 시간이 점점 다가오니 심장이 졸아들었다. 만약의 상황을 대비해야 했기에 긴급 여권을 발행하는 방법을 핸드폰으로 검색했다. 제노바에서 멀지 않은 로마의 한국대사관에서 긴급 여권 발급이 가능하다는 정보를 찾았다. 얼마나 지났을까? 그가 저 멀리서 환하게 웃으며 내 여권이 담긴 파우치를 흔들며 뛰어왔다. '아 정말 다행이다.' 그에게 몇 번이나 감사하다며 고개를 숙였고 "땡큐, 그라찌에,

감사합니다." 내가 알고 있는 모든 '감사하다'를 꺼내 인사했다.

여권 파우치를 품에 안고 서둘러 아이들이 기다리고 있는 기차역으로 뛰어갔다. 저 멀리서 나를 발견한 아이가 뛰어온다. 아이들을 와락 품에 안으니 나도 모르게 눈물이 핑 돌았다. 항상 여행을 가면 호텔에 있는 금고에 귀중품을 보관하는 습관이 있다. 지금까지 수십 번 여행하는 동안 한 번도 귀중품을 놔두고 온 일이 없었기에 이번 크루즈 여행에서도 승선 첫날 객실 안에 있는 금고에 여권을 넣어두었다. 그런데 하선하는 날 깜빡한 것이다. 아니 여권을 가방 깊숙한 곳에 넣어두었다고 착각을 한 것이었다. 아직도 그때를 생각하면 심장이 고동친다. 아찔한 실수 하나로 크루즈 여행의 대미를 화려하게 장식한 나는 이탈리아에서 잊지 못할 추억 하나를 또 적립했다.

그라찌에!!

프랑스 마르세유

크루즈 실외 수영장

싱그러운 불가리아에서 할 수 있어!

2022. 6. 29 - 7. 2 3박 4일

6월 말 몰타 거주 비자가 만료되는 날 우리는 불가리아행 비행기에 탑승했다. 몰타에서 한국으로 돌아가는 비행기는 8월 중순이었다. 거주 비자는 6월 29일에 만료되고 몰타에 더 머무르기 위해서는 비(非)솅겐 국가로 나갔다가 몰타로 재입국을 해야 하는 상황이었기에 이번 여행은 어쩔 수 없이 떠나야만 했던 여행이다. 사실 불가리아로 떠나기 전까지 우리가 몰타에 더 머무를 수 있을지 없을지 인터넷으로 수많은 정보를 검색했지만, 쉽사리 답을 찾지 못했다. 자칫 솅겐 조약을 위배하면 향후 5년간 유럽에 오지 못할 수도 있고 어마어마한 벌금을 내야 한다는 글도 보았기에 마음이 불안했다. 몰타는 솅겐 협약 가입국으로 솅겐 협약이란 유럽지역 29개 국가가 여행과 통행의 편의를 위해 체결한 협약으로서, 솅겐 협약 가입국을 여행할 때는 마치 국경이 없는 한 국가를 여행하는 것처럼 자유로이 이동할 수 있다.

좀 더 확실한 정보를 얻기 위해 몰타 비자국에 문의했다. 우리의 경우 거주 비자가 만료되기 전 최소 2일을 비솅겐 나라에서 머무른 뒤 몰타에 재입국하면 90일간 솅겐 비자 적용을 받을 수 있다고 했다. 메일을 받자마자 비솅겐 나라를 검색했다. 당시 불가리아, 루마니아, 크로아티아 등이 있었다.(현재는 불가리아, 루마니아 솅겐 협약가입국임)

예정에 없던 여행이었기에 우선 여행 경비를 고려해야 했다. 6월 말이면 대부분 유럽학교는 방학이 시작되면서 성수기에 접어든다. 하루가 다르게 비행기표도 호텔비도 계속 오르는 중이었다. 당시 비솅겐 나라 중 가장 가성비가 좋은 곳이 불가리아였다. 어릴 때부터 수없이 들어보았던 불가리아이지만 한 번도 가 보고 싶다고 생각하지 않았던 나라이다.

몰타에서 2시간 남짓 비행기를 타고 도착한 불가리아의 첫인상은 녹색의 싱그러움이었다. 소피아 공항에서 시내로 향하는 전철 밖으로 끊임없이 이어지는 초록 나무들이 눈에 들어왔다. 살면서 수없이 보았던 보통의 나무일 뿐이었지만 몰타의 나무와는 확연히 달랐다. 숙소에 짐을 풀고 근처 공원으로 향했다. 유럽의 다른 나라와 달리 불가리아 여행에 대한 정보는 드물었다. 결국 구글 지도를 켜 발길이 닿는 곳으로 가보기로 했다. 아이들이 원하는 것은 단 하나. 놀이터. 숙소에서 차로 멀지 않은 곳에 아이들이 체험할 수 있는 숲 놀이터가 있었다.

택시를 타고 공원에 도착하자 수십 년은 되어 보이는 커다란 나무들로 울창한 숲이 펼쳐졌다. 저 멀리 나무와 나무 사이에 이어진 그물망 안에서 아이들이 공을 던지며 까르르 웃는 소리가 들렸다. 아이들은 그물망을 보자 전력 질주했고 온몸이 땀에 흠뻑 젖을 때까지 뛰어놀았다. 갈증이 차올라 물을 벌컥벌컥 마시던 아이들의 시선이 한 곳으로 향했다. 아이들과 함께 가보니 1단계에서 5단계의 코스로 나누어진 장애물 통과하기 같은 유료 체험 프로그램을 진행하는 곳이었다. 여러 가지 장애물을 통화하면 마지막 코스에서는 집라인을 타고 땅으로 내려올 수 있다. 다른 아이들이 집라인을 타며 소리를 지르니 아이들도 한번 도전해 보고 싶다고 했다. 코스를 선택하라고 하니 1~3단계는 딱 봐도 유치하다며 4단계에 도전해 보겠다고 큰소리쳤다. 4단계는 어른 키보다 훨씬 높은 나무 위로 올라가서 외나무다리 건너가기, 지그재그로 연결

된 나무 사이 건너가기, 외줄타기 등 제법 어려운 코스로 구성되어 있었다.

워낙 놀이기구 타는 것을 즐기는 아이들이었기에 사실 큰 걱정을 하지 않고 아이들 말대로 4단계를 결제했다. 먼저 몸에 안전장치를 착용한 아이들은 관리자의 설명대로 한 단계 한 단계 이동했다. 세 번째 단계를 통과할 무렵 아이들의 표정이 어두워졌다. 어딘가 불편한 얼굴이다. 왜 그러냐고 물으니 신발을 가리켰다. 그날 운동화가 아닌 크록스를 신고 온 것이 문제였다. 땀이 차니 발이 자꾸 미끄러지고 움직일 때마다 신발이 벗겨지려 해서 여간 불편한 게 아닌 모양이었다. 폭 10cm 정도의 외나무 건너기를 하던 중 갑자기 그만하겠다고 소리치는 아이의 목소리가 들렸다. 고개를 들어 나무 기둥 한가운데 멈춰 선 아이를 올려다보았다. 눈에 눈물이 그렁그렁하다. 앞으로 가지도 뒤로 물러서지도 못하는 아이의 모습에 나도 고민이 깊어졌다. 여기서 그만두면 집라인을 못 타, 어차피 앞으로 가나 뒤로 가나 혼자 힘으로 건너야 한다고 말하는 순간 공포에 질린 아이 표정이 점점 더 어두워졌다. 얼음처럼 굳어 버린 아이를 더는 외면할 수 없어 관리자에게 여기서 그만하겠다고 아이의 의견을 대신 전했다.

그런데 갑자기 관리자가 아이에게 무슨 말을 하는 거냐며

이 단계만 넘기면 곧 집라인을 탈 수 있다, 여기서 멈추면 집라인도 못 타고 너는 포기하는 사람이 된다며 안전장치가 잘 되어있으니, 발을 잘못 디뎌도 절대 떨어지는 일은 없으니 자신을 믿고 한발 한 발 내디뎌 보자며 아이에게 손을 내밀었다. 자상한 그의 말에 망설이던 아이가 크게 숨을 들이쉰 후 조금씩 앞으로 움직이기 시작했다. 한 걸음 한 걸음 더디 움직였지만 결국 아이는 마지막 나무 기둥을 와락 끌어안았다. 기다리고 기다리던 집라인 앞에 선 아이의 얼굴에 밝은 미소가 피어올랐다. 집라인에 몸을 맡긴 채 바람을 가르며 하강하는 아이의 얼굴에서 성공의 기쁨을 보았다.

 그의 말처럼 아이가 만약 중도 포기했다면 아이는 낙오자가 된 기분으로 하루를 보내야 했을지도 모른다. 아이에게 용기를 선물한 빨간 티셔츠의 사나이에게 감사 인사를 전했다. "땡큐! 티쳐!"가 싱그러운 숲속에 울려 퍼졌다. 아이에게도 나에게도 특별했던 불가리아 숲 이야기는 봄 내음이 날 때마다 생각이 날 것 같다.

빨간 셔츠의 사나이 땡큐

이토록 슬프고도 아름다운 부다페스트

2022. 7. 2 - 7. 4 2박 3일

싱그러웠던 불가리아 여행을 끝내자마자 우리는 헝가리 부다페스트로 날아갔다. 비자 문제가 완벽히 해결되고 나니 마음이 한결 가벼워졌고 몰타대 서머스쿨이 시작되려면 아직 며칠이 남아있는 상태라 바로 몰타로 돌아가기에는 왠지 아쉬운 마음이 들었기 때문이다. 이번에도 가성비를 고려해 비행기, 호텔이 저렴한 곳을 검색하다 부다페스트가 눈에 띄었다. 소피아에서 부다페스트까지 비행깃값이 어른 한 명, 아이 둘 총 10만 원, 호텔 2박 숙박비용이 15만 원이 넘지 않았다. 여행을 떠나지 않으면 손해를 본다는 느낌이 들 정도로 저렴했기에 고민하지 않고 부다페스트로 향할 수 있었다. 유럽의 여러 나라를 돌아다니다 보니 문득 아이들과 즐겨 했던 부루마블 게임이 떠올랐다. 땅을 사고 호텔을 짓고 통행료를 받기까지 여러 번 주사위를 던져야 한다. 게임 하나 했을 뿐인데 그 안에 모든 희로애락이 담겨있다. 여행도 마찬가지다. 설렘으로 시작한 여행이 예측할 수 없는 상황으로 이어지면 수많은 감정의 소용돌이에 빠진다. 헝가리 부다페스트의 2박 3일이 그랬다.

2박 3일의 짧은 일정 동안 좀 더 편하고 여유롭게 부다페스트를 즐기기 위해 우리는 시티 투어 버스를 이용했다. 이층 버스를 타고 먼저 부다페스트의 명물인 세체니 온천(Szchenyi Baths and Pool)으로 향했다. 세체니 온천은 유럽에서 가장 큰 온천으로도 유명하며 네오바로크 양식으로 지어진 건물은 이곳이 온천이 아니라 박물관이나 미술관인 것 같은 착각이 들 정도로 고풍스럽다. 한여름에 하는 온천이라니 상상만 해도 온몸이 뜨끈해지는 느낌이었지만 유명하다고 하니 또 안 갈 수 없었다. 물놀이라면 몰타에서 지겹도록 즐기고 온 아이들이지만 이곳에서도 아이들의 물 사랑은 끝이 없었다. 아이들은 노천 온천에 있는 유수풀에서 물놀이를 시작했다. 한국과 달리 튜브를 사용할 수는 없지만, 제법 강한 물살에 몸을 맡기면 물 위에 둥둥 떠다니는 재미를 느낄 수 있는 곳이었다. 또한 수심이 깊지 않아 아이들이 놀기에도 안성맞춤이었다. 이제 나도 온천을 즐길 차례다. 온천물에 발을 담가보니 한국처럼 뜨끈한 온천은 아니었지만, 여름날 온천 하기에는 딱 적당한 수온이었다. 물 밖으로 얼굴을 빼꼼히 내밀어 노천 온천 주위를 둘러보니 세체니 온천이 왜 유명한 곳인지 금방 눈치챌 수 있었다. 고풍스러운 건물에 둘러싸인 파란색 노천탕에 햇살이 비치면 마치 영화 속 한 장면처럼 감탄이 쏟아진다. 과거와 현재가 공존하고 있다는 느낌을 받았다.

온천에 입장 후 줄곧 물놀이만 하던 아이들이 배가 고프다며 물 밖으로 나왔다. 물에 불은 아이들 손은 뽀얀 주름으로 쭈글쭈글했다. 수건으로 몸을 닦은 아이들 피부에서 매끈한 윤기가 흘렀다. 팔을 만져보니 부들부들했다. 역시 온천물은 다르다는 감탄은 잠시, 식당으로 이동하는 길에 아이들은 배가 고프다며 난리가 났다. 어른인지 아이인지 알 수 있는 지점이 바로 배고플 때라고 하던데 그 말이 딱 떠오른 순간이었다. 식당은 얼마만큼 가야 하는지 무엇을 먹을 건지 쉴 새 없이 물었다.

코로나 전에는 외국 여행을 할 때마다 항상 현지 음식을 먹으러 다녔다. 굳이 외국까지 와서 한국 음식을 먹고 싶지 않았다. 하지만 일 년간 몰타살이를 하며 여행을 떠나기 전 가장 먼저 알아보는 정보는 한식당의 위치였다. 한식이 몹시 그리웠다. 내가 하는 음식 말고 남이 해주는 따뜻한 밥 한 끼가 그리웠다. 부다페스트에서 그런 맛집을 찾았다. 한국을 떠나온 지 일 년 만에 제대로 된 떡볶이를 먹을 수 있었다. 배고픔에 허덕이던 아이들도 나도 떡볶이 국물까지 싹싹 긁어 먹었고 우리는 결국 다음날 또 같은 한식당을 찾아갈 수밖에 없었다. 평생 먹어본 떡볶이 중 가장 기억에 남는 떡볶이였다.

부다페스트의 6월은 몰타의 여름처럼 뜨겁다 못해 따가웠다. 조금만 걸어도 금세 온몸은 땀범벅이 되었고 나무 아래 그늘을 찾아다니며 걸어야 했다. 낮에는 시티투어버스에 올라 부다페스트의 풍경을 눈에 담았고 밤에는 유람선 투어를 했다. 어느 도시든 낮과 밤이 지닌 분위기는 사뭇 다르다. 해가 지기 시작하자 다뉴브강은 붉은 노을로 물들었다. 낮에 본 다뉴브강은 윤슬로 반짝였지만 해 질 무렵 다뉴브강에는 잔잔한 슬픔이 묻어났다. 아이들은 모르지만 나는 알고 있다. 2019년 유람선 사고를. 2019년 5월 29일 부다페스트 다뉴브강에서 한국인 관광객을 태운 유람선이 크루즈 선과의 충돌로 침몰해 한국인 25명, 헝가리인 2명이 사망하고 한국인 1명이 실종된 사고가 있었다. 당시 뉴스를 통해 접한 희생자들의 사연에 눈물을 쏟았던 기억이 있다. 화려한 조명에 빛나는 건물과 달리 잔잔하게 흐르는 강물 속 수많은 눈물방울이 곳곳에 묻어 있다는 사실에 마음이 아려왔다. 아름답다고 감탄하면서도 쓸쓸한 마음이 불쑥 올라와 눈꼬리에 눈물이 나도 모르게 맺혔다. 떠난 이들을 위해 그리고 사랑하는 이를 떠나보낸 남겨진 이들을 위해서 감히 작은 위로를 건네보았다.

이토록 슬프고도 아름다운 부다페스트의 낮과 밤을 나는 앞으로도 잊지 못할 것 같다.

슬프도록 아름다운 다뉴브강의 낮과 밤

쏘니의 어시스트를 직관하다

2022. 8. 5 - 8. 9 4박 5일

7월 중순 남편이 유럽으로 출장을 올 예정이라고 했다. 어느 나라로 가는지 물었더니 영국과 프랑스라고 했다. 출장을 끝내고 나면 마침 여름휴가 기간이라 남편이 몰타로 오기로 했다. 일 년 만에 완전체가 된 우리 가족은 3주간 유럽을 함께 즐길 수 있게 된 것이다. 8월 초에 아이들이 다니던 몰타대 서머스쿨을 일찍 마무리하고 온 가족이 함께 영국, 프랑스, 스위스를 여행한 후 한국행 비행기에 오를 계획이었다.

나는 우리 집 투어가이드로 13년째 근무 중이다. 여행 계획을 세울 때도 설렘을 느끼는 사람이 나였으므로 거의 모든 가족 여행을 내가 계획하고 준비한다. 마지막 유럽 여행에서 꼭 가고 싶은 곳이나 하고 싶은 게 있다면 말해달라고 했더니 하나둘 자신의 바람을 이야기했다. 축구광인 남편은 영국에서 토트넘 경기를 꼭 직관하고 싶다고 했다. 누가 봐도 분명한 이유가 있었다. 토트넘에서 활약하고 있는 우리의 쏘니 손흥민 선수 때문이었다. 그는 새벽에 열리는 토트넘 경기는 알람을 맞춰서 보았고 혹시라도 보지 못한 경기는 재방송으로라도 꼭 봐야 하는 사람이다. 아이들은 파리에서 에펠탑을 꼭 보고 싶다고 했다. 나는 꿈에 그리던 스위스에 꼭 가보고 싶다고 말했다. 그렇게 영국, 프랑스, 스위스로 목적지가 정해졌다. 너무나 명료한 각자의 희망 사항 덕분에 수월하게 이번 여행 계획을 세울 수 있었다.

일사천리로 끝난 여행 계획과 달리 남편의 바람을 이뤄주기 위해서는 고난이 많았다. 2022-23시즌 토트넘 개막전 표를 구해야 한다. 토트넘 구장에서 하는 개막전이다 보니 예매 경쟁률이 치열했다. 먼저 가족 모두 토트넘 플러스 회원으로 가입했다. 이유는 회원과 비회원 간 표 구매일에 차이가 있었고 거기다 플러스 회원은 더 높은 확률로 표를 구할 수 있으니 선택의 여지가 없었다. 어른 둘, 초등 아이 둘 토트넘 멤버십 가입에만 거의 30만 원을 썼다. 여기서 끝이 아니었다. 개막전 표 예매하는 날 아쉽게도 나는 티켓 구매에 실패하고 말았다. 저렴한 좌석은 순식간에 매진되었고 무엇보다 좌석 4개를 연달아 구하는 것은 불가능해 보였다.

결국 남편에게 미안하다며 이번에는 손흥민 선수의 경기를 못 볼 것 같다고 했다. '그래 알았어'라고 포기할 줄 알았던 그가 이대로 포기할 수 없다며 구매대행 사이트에서 비싼 표라도 구해서 보자며 나를 설득했다. 축구 경기 한 번 보는 데 그런 엄청난 비용(티켓 4장 비용이 백만 원이 넘었다)을 쓰다니. 나는 감히 상상할 수도 없는 금액을 남편은 일생에 단 한 번이라는 이유로 쓰겠다고 했다. 구매대행 사이트에서 저렴한 표를 비싼 가격에 사려니 속이 쓰렸지만, 사실은 나도 영국에서 손흥민 선수의 경기를 직관하는 기회를 놓치고 싶지 않았다. 축구광인 남편과 살다 보니 나도 모르게 조금씩 축구에 관심이 생겼고 손흥민 선수를 향한 애정도 점점 커지고 있었다.

아이들도 손흥민 선수의 경기를 꼭 한번 보고 싶다고 해서 우리는 구매대행 사이트에서 표를 사기로 결정했다. 구매대행 사이트에서 마지막 클릭 한 번만 하면 결제가 완료되는 순간, 혹시나 하는 마음에 토트넘 사이트에 한 번 들어가 보았는데 '아! 이것은 운명인가?' 좌석 네 개가 나란히 비어 있었다! 나도 모르게 소리를 질렀다. 서둘러 구매 버튼을 눌러 결제를 완료했다. 알고 보니 그날은 기존 구매자들이 티켓을 취소하거나 변경하는 날이었고 내가 바로 그날 로그인을 한 것이었다. 와우!! 누구보다 기뻐할 남편에게 전화를 걸어 표를 구했다고 하니 전화기 너머에서 환호성이 들려왔다. 구매대행 사이트보다 저렴한 가격으로 티켓을 구했다고 했더니 남편은 "역시 우리 여보가 최고"라며 나를 추켜세웠다. 언제 들어도 칭찬은 참 달콤하다.

드디어 토트넘 개막전이 펼쳐지는 날 빨간 이층 버스를 타고 토트넘 구장으로 향했다. 경기장이 가까워질수록 버스 안에는 토트넘 유니폼을 입은 사람들로 점점 붐비기 시작했다. 저 멀리 토트넘 구장이 보이자 가슴이 쿵쾅거렸다. TV에서만 보던 토트넘 구장에 직접 와보다니 짜릿한 기분마저 들었다. 아이들도 남편도 한껏 들뜬 모습이었다. 버스에서 내려 경기장에 입장하기 위해 줄을 섰다. 큐알 코드를 찍고 경기장에 입장했는데 우리 좌석이 어디인지 찾을 수가 없었다. 경기장 안내요원에게 좌석표를 보여주니 프리미엄 라운지로 가라고 했다. 남편과 나는 서로를 쳐다보며 깜짝 놀랐다. 알고 보니 내가 구매한 티켓은 일반 좌석이 아닌 프리미엄 좌석이었다.

개막전이 열리는 날 축구장에 들어와서야 내가 결제한 표가 프리미엄 좌석이라는 사실을 알게 된 것이다. 결제할 때는 그저 좌석이 축구장과 조금 가까우니 비싼 거라고만 생각했다. 프리미엄 좌석은 여러 가지 서비스가 포함되어 있었다. 경기 전에는 간단한 식사 거리와 간식, 음료 등을 제공했고 전반전이 끝나고 쉬는 시간에는 쿠키와 음료를 제공해 주었다. 기대도 안 했던 혜택에 남편과 나는 괜히 기분이 좋아졌다. 또한 프리미엄 좌석은 경기장에 일찍 입장이 가능해 쏘니와 토트넘 선수들의 출근하는 모습도 지켜볼 수 있었다. 축구복이 아닌 정장을 입은 선수들의 모습이 색다르게 느껴졌다.

경기가 시작되기 전 토트넘 선수들이 몸을 풀기 위해 하나둘 입장하기 시작했다. 우리가 앉은 자리는 선수들 출입구와도 가까웠다. 태극기를 몸에 두른 아이들이 선수 출입구 가까이 다가가 손흥민 선수의 이름을 크게 외쳤다. 덩달아 신이 난 나도 목청껏 외쳤다. "쏘니!! 쏘니!!" 비록 손흥민 선수와 눈을 마주친 것은 아니었지만 멀리서나마 그가 빛나는 태극기를 보고 조금이라도 힘을 얻길 바라는 마음에 더 힘껏 쏘니를 외쳤다.

아이들이 나를 쳐다보며 엄마 목소리가 너무 크다며 창피

해하는 것 같았지만 아무렴 어때 손흥민 선수가 지금 눈앞에 있는데. 토트넘은 개막전에서 4:1 대승을 했고 손흥민 선수는 한 개의 어시스트를 했다. 우리의 쏘니를 직접 보다니 그것도 영국에서, 이제 겨우 축구에 눈을 뜬 내가 이 정도로 감격스러운 데 손흥민 찐팬인 남편은 마음은 어땠을지 궁금했다. 토트넘의 승리 덕분에 우리 가족은 벅찬 마음으로 호텔에 돌아올 수 있었다.

이튿날 우리는 다시 토트넘 구장에 방문해야 했다. 런던에서 겨우 삼 일 머무르는데 토트넘 구장에만 이틀이나 소비해야 하니 나는 조금 아쉬운 마음이 들었지만, 남편과 아이들은 일정에 전혀 불만이 없었기에 그대로 진행해야 했다. 사실 처음 개막전 티켓 구매에 실패했을 때 남편과 나는 이렇게 런던을 떠날 수 없다는 생각에 토트넘 구장 투어라도 하자며 투어를 예약했다. 직접 경기는 못 보더라도 아이들이 손흥민 선수가 사용하는 라커룸에서 기념사진이라도 찍어야겠다고 생각했기 때문이다. 뒤늦게 개막전 티켓을 손에 쥔 덕분에 우리는 토트넘 경기도 보고 다음 날 구장 투어도 해야 했다.

토트넘 구장은 2019년에 완공된 최신식 경기장으로 모든 시설이 호텔처럼 화려하고 깨끗했다. 분명 어제 경기가 있었던 곳인데 축구장의 잔디마저 갓 싹을 틔운 것처럼 반짝반짝 빛이 났다. 구장 투어는 관계자의 설명을 들은 후 정해진 동선에 따라 이동하며 선수들 라커룸, 인터뷰실, 치료실, 체력단련실 등 경기장 내부를 구석구석 둘러볼 수 있도록 진행되었다. 특히 VIP들을 위한 시설을 살펴보니 입이 떡 벌어졌다. 손흥민 선수의 유니폼이 걸려있는 라커룸에서 사진도 찍고 인터뷰실에서는 가족이 함께 손흥민 선수의 찰칵 세리머니 인증샷도 찍었다. 경기를 볼 때와는 또 다른 기분을 느낄 수 있었다. 손흥민 선수를 좋아해서 온 것인데 이제는 진짜 토트넘 팬이 된 것 같았다. 사실 축구 한 경기를 보는데 엄청난 비용을 쓴다는 사실에 처음에는 마음이 복잡했지만 개막전을 관람한 후에는 그만한 값어치가 있다는 생각이 들었다. 기회가 닿으면 또 오고 싶을 만큼 토트넘 구장의 열기, 환호, 설렘은 평생 잊지 못할 것 같다.

한국으로 돌아와 두 아이에게 물었다. 지금까지 여행한 도시 중 어디가 가장 기억에 남느냐고. 두 아이는 망설임 없이 런던이라고 답했다. 아이들에게 런던은 축구의 도시였고 손흥민 선수의 경기를 직관한 도시였다. 조기 축구회 회원인 아빠를 따라 매주 토요일 새벽 아이들은 눈을 비비며 집을 나

선다. 축구복을 입은 삼부자의 뒷모습을 보고 있으면 마음이 든든해진다. 축구를 끝내고 집으로 돌아온 삼부자는 나란히 소파에 앉아 FC 모바일 게임을 하면서 울고 웃는다. 나는 함께 축구 게임을 하지는 않지만, 축구 하나로 달라진 가족의 일상에 나도 조금씩 스며드는 중이다. 손흥민 선수의 다음 경기가 언제 열리는지 확인하고 외친다. "다음 주 토요일 토트넘이랑 맨시티랑 새벽 4시에 경기 있어? 볼 사람 손!"

토트넘 구장 투어에 신난 아이들의 발걸음

토트넘 팬으로 가득 찬 축구장

드라마 〈사랑의 불시착〉 촬영 장소로 유명해진 이젤발트 마을

녹지마 융프라우

2022. 8. 9 - 8. 12 3박 4일

런던을 최고의 도시로 뽑은 세 남자와 달리 나에게 최고의 도시는 스위스 인터라켄이었다. 사실 스위스에 대한 나만의 환상이 있었다. 초록으로 물든 지평선의 끝, 구름 한 점 없는 맑은 하늘과 땅의 경계가 사라지는 곳. 숨 쉬는 모든 공기마다 풋풋한 풀 내음이 날 것만 같은 나라 스위스. 늘 꿈꾸었던 환상의 나라로 떠날 기회가 왔다. 몰타 일 년 살기를 끝내고 한국으로 돌아가기 전 마지막 여행지는 스위스였다. 런던을 떠나 8월의 어느 늦은 밤 취리히 공항에 도착했다. 이튿날 인터라켄으로 떠나야 했기에 공항 근처에 있는 호텔에서 1박을 했다.

이튿날 아침 눈 부신 햇살이 벌어진 커튼 틈 사이로 비껴 들고 있었다. 창을 열어 취리히의 아침을 확인하는 순간 상상 속 스위스와는 확연히 다름을 느꼈다. 수많은 콘크리트 건물 사이로 초록은 드문드문 보였다. 내가 보고 싶고 만나고 싶은 스위스는 인터라켄에 있을 거라 믿으며 우리는 서둘러 짐을 챙겨 취리히역으로 향했다. 인터라켄으로 가려면 취리히역에서 기차를 타고 경유지인 베른을 거쳐 두 시간을 가야 한다. 베른을 지나자 창밖 풍경은 곧 만나게 될 환상의 나라를 미리 안내해 주는 것 같았다. 이름 모를 나무들도 빽빽하게 우거진 산을 배경으로 기차 레일을 따라 강물이 유유히 흐르고 있었다.

　다음 역은 인터라켄이라는 방송이 기차 안에서 흘러나왔다. 인터라켄역에 내리자마자 숨을 깊이 들이쉬었다. 기대했던 풀 내음은 나지 않았지만 싱그러움이 느껴졌다. 물소리를 따라 인터라켄역 뒤편으로 갔더니 아이스크림 캔디바를 녹인 듯한 강이 눈앞에 펼쳐졌다. '그래 여기가 바로 스위스지'라는 생각에 핸드폰을 꺼내 쉴 새 없이 사진을 찍었다. 아이들은 신발을 벗은 채 강가에서 물수제비 뜨기를 했다. 벤치에 앉아 스위스의 맑고 푸른 자연을 눈으로, 향으로, 소리로 하나씩 담았다. 바삐 움직여야 할 목적지도 없었기에 천천히 그 시간을 누볐다. 어제 보았던 취리히의 번잡함은 기억 속에서 하나씩 사라지는 느낌이었다. 비로소 꿈꾸던 스위스와 마주한 기분. 반갑다 스위스!

다음 날 우리는 유럽의 지붕이라 불리는 융프라우요흐 전망대로 향했다. 융프라우(Jungfrau)와 융프라우요흐(Jungfraujoch)는 다른 곳이다. 융프라우는 스위스 베른 알프스의 3대 정상(융프라우, 아이거, 묀히) 중 하나로 해발 4,158m의 산 이름이다.

융프라우요흐는 융프라우와 묀히를 연결하는 능선으로 이곳에는 유럽에서 가장 높은 기차역인 융프라우요흐역이 있다. 이곳에는 스핑크스 테라스 전망대를 포함해 얼음동굴, 우체국, 기상연구소 등 다양한 볼거리와 놀거리가 있다.

융프라우요흐에 가기 위해서는 케이블카를 타고 이동하는 방법과 기차를 타고 이동하는 방법이 있다. 우리의 선택은 케이블카였다. 놀이기구 타는 것을 즐기는 아이들과 하늘에서 내려다보는 알프스의 전경을 눈으로 그득 담고 싶은 나의 바람이 여기서 절묘하게 맞아떨어졌다. 케이블카를 타고 올라가는 동안 창밖 풍경은 바라만 보고 있어도 넋을 빼앗길 정도로 아름다웠다. 초록으로 물든 들판 곳곳에 소들이 무리 지어 풀을 뜯고 있었다. 눈길이 가는 곳곳에 평화가 스며들어

있는 느낌이었다. 케이블카가 산허리를 넘어가자 초록은 점점 사라지고 하얀 설산이 점점 가까이 다가왔다. 케이블카를 타는 시간은 고작 15분, 여름에서 겨울로 순간 이동한 느낌이 들었다. 케이블카 종점에 내려 톱니바퀴 산악 기차로 갈아타고 컴컴한 동굴을 한참 달렸다. 숨소리가 조금씩 거칠어지기 시작했고 한기가 느껴져 가져온 경량 패딩 잠바를 꺼내 입었다.

8월의 융프라우는 여름과 겨울을 동시에 품고 있었다. 융프라우요흐역에 내려 야외로 나갔더니 발아래 눈은 녹아버린 셔벗처럼 질퍽거렸다. 습기를 가득 품은 눈을 밟고 있으니 신발 속으로 찬기가 스며드는 것 같았다. 아이들은 질퍽거린 눈에도 신이 났다. 아빠와 술래잡기하고 눈싸움을 하며 이리저리 바쁘게 뛰어다녔다. 한참을 뛰어놀던 작은 아이가 갑자기 머리가 아프고 귀가 먹먹하면서 속이 안 좋다고 했다. 얼굴이 조금 창백해졌다. 고산병 증세 같았다. 의자에 앉아 아이를 쉬게 한 뒤 따뜻한 물 한 모금을 먹였다. 내 무릎을 베고 누운 아이는 까무룩 잠이 들었다. 잠에서 깬 아이가 배가 고프다고 했다. 라운지 입구에서부터 신라면 냄새가 진동하고 있었다. 융프라우요흐 전망대에 오면 꼭 먹어야 한다는 신라면을 우리도 그냥 지나칠 수 없었다. 여기저기에서 신라면을 먹는 사람들을 보니 이곳이 문학산 정상인지 융프라우인지

헷갈리기 시작했다. 마지막 국물 한 방울까지 남기지 않고 깨끗하게 컵라면을 비운 아이는 어느 정도 기력을 회복한 것 같았다. 아이의 컨디션을 확인하며 초고속 엘리베이터를 타고 알프스의 장엄한 설경을 360도 파노라마 뷰로 볼 수 있는 스핑크스 전망대로 향했다. 내가 기대했던 모습은 아니었다. 희고 맑은 눈으로 덮인 만년설과 빙하를 기대했건만 그곳에는 녹아내린 눈으로 산등성이가 훤히 드러난 거대한 바위산이 자리 잡고 있었다. 지구온난화로 인해 유럽에서 가장 긴 알레치 빙하가 언젠가는 다 녹아버릴지도 모른다고 생각하니 가슴이 먹먹해졌다.

순백의 설산을 보지 못한 아쉬움 때문인지 자꾸 미련이 남아 전망대를 한 번 더 둘러보았다. 하얀 구름이 내 발아래에 있었다. 저 멀리 설산을 트래킹하는 사람들이 점처럼 보였다. 탁 트인 전망대에서 끝없이 펼쳐진 알레치 빙하를 보고 있으면 자연의 위대함 앞에 인간은 한없이 작은 존재라는 생각이 들었다. 알 수 없는 아쉬움을 뒤로한 채 융프라우와 이별했다. 하산하는 기차 안에서 융프라우요흐 방문 기념 초콜릿을 무료로 나누어주었다. 입안에서 녹아내린 달콤한 초콜릿이 융프라우요흐에 대한 아쉬움도 달래주는 것 같았다. 한여름의 융프라우를 봤으니 한겨울의 융프라우는 어떨지 궁금해졌다.

그때는 백설기 같은 알레치 빙하를 볼 수 있을까?

　스위스의 마지막 날 우리는 튠호수를 가로지르는 유람선을 탔다. 어느 곳을 바라봐도 에메랄드빛 강물이 넘실댄다. 산과 호수가 어우러진 풍경은 환상적이었다. 유람선에서 내려 호숫가에 앉아 잠시 쉬고 있을 때였다. 아이가 소리쳤다. "엄마 여기 백조가 있어." 아이가 있는 곳으로 고개를 돌려보니 아름다운 호수 위를 여러 마리의 백조가 한가로이 노닐고 있었다. 백조를 가까이에서 보고 싶은 아이가 조용히 호숫가로 다가가 지긋이 백조를 쳐다보았다. 그 모습이 또 어찌나 사랑스러운지.

　스위스에서 찍은 모든 사진은 보정이 필요치 않았다. 자연이 주는 색감, 싱그러움, 맑음이 사진에 그대로 묻어났다. 스위스가 어떤 곳인지 말로 글로 다 표현하기가 힘들다. 아이의 표현을 빌리자면 스위스에 왔을 때 소설 속 한 장면으로 들어온 기분이라고 했다. 유한한 언어로 자연의 경이로움을 어찌 다 표현할 수 있을까? 거대한 건축물 하나 없이도 있는 그대로의 자연이 최고의 유산임을 스위스가 알려주었다. 기회가 닿으면 꼭 스위스에서 한 달 살기를 하고 싶은 바람이 생겼다.

　다시 올 때까지 녹지 말고 꼭 그대로 있어 줘. 융프라우!!

녹지마 알레치 빙하

캔디바가 생각나는 륜호수

고조섬에 있는 타피누 성당

어바웃 몰타

지중해의 작은 섬나라 몰타는 유럽인들의 휴양지로 유명하다. 1800년 영국령이 되었고 1964년 영국으로부터 독립했다. 몰타의 국교는 가톨릭이며 전 국민의 90% 이상이 가톨릭 신자다. 고개를 돌리는 곳마다 성당이 보이고 어디를 가든지 성당 종소리를 들을 수 있다. 종소리는 새벽이고 낮이고 가리지 않는다. 불평해도 달라지는 것이 없으니, 몰타에 머문다면 종소리에 익숙해져야 한다. 우리 집 근처에도 성당이 있었다. 가끔 마음이 어지러울 때 작은 방 창문을 열어 성당에서 울리는 종소리에 귀 기울이면 정신이 맑아지는 것을 경험했다.

성당에서 울려 퍼지는 종소리 말고 몰타에는 또 다른 소음이 있다. 바로 폭죽이 터지는 소리다. 여름 내내 밤마다 무슨 행사가 그리도 많은지 여기저기서 펑펑 터지는 폭죽 소리 때문에 잠을 설친 날이 많았다. 처음에는 화려한 불꽃에 감탄하며 언제 불꽃놀이를 하는지 일정을 달력에 표시해 놓았다. 너무 자주 하는 불꽃놀이에 감동은 점점 줄어들었고 언제부터인가 아이들도 불꽃놀이 보러 가자고 하면 시큰둥했다. 성가시던 폭죽 소리도 자꾸 듣다 보니 익숙해졌다. 펑펑 터지는 폭죽 소리에도 뒤척이지 않고 잠자리에 드는 날이 머지않아 찾아왔다.

몰타에서는 모든 건축물에 라임스톤을 사용해야 하기에 어디를 가든 상아색의 집과 건축물을 볼 수 있다. 멀리서 보면 하나의 거대한 마을 같고 가까이 다가가면 저마다의 개성을 뽐내고 있다. 특히 몰타의 전통 발코니가 있는 집일 경우 빨강, 파랑, 노랑 등 다양한 색상으로 꾸며놓아 보는 즐거움이 있다. 상아색 벽을 따라 좁은 인도가 있다. 몰타에서는 걸을 때 정면을 주시해야 한다. 맞은 편에서 사람이 올 때 몸을 옆으로 비켜서거나 도로로 살짝 내려와야 할 정도로 인도가 좁기 때문이다. 몰타의 인도를 걸으며 생각했다. 연인들이 몰타에 오면 손잡고 걷기는 힘들겠다고.

투명하고 맑은 지중해를 품고 있는 몰타지만 은빛 모래사장을 기대하기는 힘들다. 바닷가는 대부분 암석으로 되어있으며 날카로워 아쿠아슈즈가 필요하다. 물론 모래사장이 있는 곳도 있다. 모래놀이를 꼭 해야 한다면 골든베이를 추천한다.

발레타(Valleta)는 몰타의 수도로 도시 전체가 세계문화유산으로 지정된 곳이다. 발레타는 아름답지만, 소란한 도시이다. 주말에는 버스킹하는 사람들과 관광객들로 북적이고 밤이 되면 형형색색의 조명으로 반짝인다. 발레타에는 성 요한 대성당이 있고 내부에는 카라바조의 <세례자 요한의 참수>와 <필사하는 제롬>이 전시되어 있다. 특히 <세례자 요한의 참수>에는 카라바조의 사인이 남아있는 유일한 작품으로 발레타에 간다면 성 요한 대성당은 방문 필수 코스이다. 몰타를 한눈에 살펴볼 수 있는 어퍼 바라카 정원도 추천한다. 매일 예포 발사식도 거행하고 있으니 시간대를 잘 맞추면 잊지 못할 추억거리도 만들 수 있는 곳이다.

그 밖에도 몰타에는 다양한 관광지가 있는데 영화 <뽀빠이>의 촬영지로 유명한 뽀빠이 빌리지, 몰타의 옛 수도인 임디나(Mdina), 매주 일요일 수산시장이 열리는 마샤슬록(Marsaxlokk), 파란 해식 동굴을 볼 수 있는 블루 그로토(Blue Grotto) 등이 있다.

아이들이 서머스쿨에 다니는 동안 렌터카를 빌렸다. 치명적인 몰타의 여름, 월요일부터 금요일까지 하루에 두 번씩 버스를 타고 아이들과 등하교 할 엄두가 나지 않았다. 몰타에서 운전을 하리라고는 전혀 예상하지 않았기에 렌터카를 빌려 집으로 돌아오는 길, 태어나 처음으로 운전대를 잡았던 날처럼 심장이 두근댔다. 맞은 편에서 큰 차라도 오면 왠지 옆으로 비켜줘야 할 만큼 좁아 보이는 몰타 도로에서 운전할 생각을 하니 지나가는 차만 봐도 스트레스 지수가 상승하는 느낌이었다. 우리나라와 반대인 운전석에 앉아 내비게이션도 봐야 하고 낯선 신호등도 봐야 하고 무엇보다 갑자기 여기저기에서 튀어나오는 무단횡단하는 사람들까지 잘 살펴봐야 하니 핸들을 잡은 손은 금세 땀으로 흥건해졌다.

렌터카 회사에서 집으로 차를 어떻게 몰고 왔는지 사실 하나도 기억나지 않는다. 하지만 운전한 지 사흘쯤 되니 낯설기만 했던 몰타 도로가 그제야 익숙해지기 시작했다. 좁은 도로도 매일 다니다 보니 한국과 별반 다르지 않다고 느껴졌다. 진작 차를 빌렸다면 몰타 삶은 어땠을까 하는 후회가 밀려올 만큼 차가 있고 없고 삶의 질은 확연히 달랐다. 그동안 버스를 타고 수영장으로 배드민턴 체육관으로 다닐 때마다 제시간에 오지 않는 버스를 기다리는 일은 몰타에서 가장 하기 싫은 일 중 하나였다. 한여름 그늘 없는 버스 정류장에서 지중해의 타는 듯한 햇살을 온몸으로 받아들이는 일은 생각보다 고통스러웠다. 렌터카의 시원한 에어컨 바람을 맞으며 버스정류장에 서 있는 사람들을 보니 지난날 우리의 모습이 떠올랐다. 한참 동안 기다렸는데 버스에 사람이 많다는 이유로 정류장에 멈추지 않고 지나가는 버스를 멍하니 바라보기만 했던 수많은 날들이 스쳐 지나갔다. 만약 아이와 몰타 일 년 살기에 도전한다면 나처럼 겁내지 말고 운전에 도전하기를 추천한다. 버스를 기다리느라 허비했던 수많은 시간을 아껴 아이와 함께 몰타의 구석구석을 좀 더 누볐다면 어땠을까 하는 아쉬움이 남기 때문이다.

몰타의 사계절

몰타는 지중해성 기후로 우리나라처럼 사계절이 뚜렷하지 않다. 척박한 땅에 숲이 우거질 수 없는 나라지만 담벼락 넘어 핀 꽃들로 몰타의 봄을 알 수 있다. 사실 꽃보다 더 봄을 실감할 수 있는 건 봄비다. 한국에서도 봄철 황사비가 내리니까 낯설지는 않지만, 몰타는 아프리카 대륙과 가까워 봄이면 모래바람이 심하게 불어오고 비가 내렸다 하면 길거리 차들은 온통 누렇게 변한다. 계절의 변화를 눈으로 알 수 있다.

몰타의 여름은 타는 듯한 더위로 24시간 내내 에어컨 없이 살기가 힘들다. 전기세가 어마어마하게 비싸다는 이야기에 아이들이 곤히 잠든 새벽 무렵 에어컨을 끄면 귀신같이 알아차리고 일어나 덥다고 투덜거렸다. 우리집의 경우 가장 전기세가 많이 나온 계절은 8월로 한 달 전기세가 10만 원 정도였다. 전기세가 두려워 몰타의 더위와 맞서지 않기를 바란다. 몰타의 사계절 중 여름이 가장 또렷하다. 바다는 더 투명해지고 길거리에는 넘쳐나는 관광객들로 나라 전체가 북적인다. 어느 계절보다 생기 넘치는 몰타를 여름에 만날 수 있다. 때로는 살인적인 더위에 손가락 까딱하기 싫은 만큼 노곤해지는 몰타의 여름을 우리는 몹시 사랑했다.

몰타의 겨울 날씨는 영하로 떨어지지 않는 기온(겨울 평균기온 영상 10℃)이지만 집안에는 냉기가 흘러넘쳤다. 전기장판은 필수, 털 잠옷과 수면 양말은 선택이다. 겨울에는 비가 자주 내린다. 배수 시설이 좋지 않아 강수량이 많으면 어김없이 도로는 물바다가 된다. 장화나 비옷을 준비하면 몰타의 겨울이 든든해진다. 섬나라답게 바람이 사계절 내내 불고 가끔 풍랑이 심하게 칠 때는 바닷물이 도로 위로 넘실대곤 한다. 하지만 심심하고 지루한 몰타의 겨울을 누릴 방법을 찾았으니 그것은 바로 비수기 찬스를 이용해 하룻밤 십만 원 미만으로 수영장이 있는 호텔에서 호캉스를 즐기는 것. 아이들은 수영할 수 있어 좋고 나는 요리에서 해방될 수 있어 더없이 좋았던 겨울이었다.

12월이 되면 몰타의 거리는 거대한 크리스마스트리와 화려한 장식으로 넘쳐난다. 늦은 밤 크리스마스 캐럴 소리에 놀라 뛰쳐나갔더니 산타 복장을 한 사람이 동네 여기저기를 돌아다니고 있었다. 아이들도 신기하다면 산타와 사진을 찍었다. 사실 한 사람이 아니었다. 동네마다 신원을 알 수 없는 산타들이 활보하고 있으니 캐럴 소리가 나면 집 밖으로 꼭 한번 나가 몰타의 산타를 만나보기를 바란다. 흥이 넘치는 몰타 사람들을 곳곳에서 만날 수 있다. 몰타의 겨울이 지닌 빛과 소리에 마음이 들썩이던 12월이었다.

12월이 되면 몰타 곳곳에서 수많은 산타할아버지를 만날 수 있다

몰타 학교 정보

몰타의 학교는 크게 세 가지로 나뉜다. 사립학교, 처치 스쿨, 공립학교. 몰타에서 초등 아이들과 일 년 살기를 할 때 대부분 사립학교를 선택한다. 유학원을 통하는 경우 학교 선택에 제한이 있을 수밖에 없다. 몰타 국민의 98%가 가톨릭 신자로 몰타에는 처치 스쿨(church schools)이 제법 있다. 입학 자격 요건은 가톨릭 신자여야 하며 기부금을 내야 한다. 매년 아주 적은 인원만 뽑으니 만약 처치 스쿨에 입학을 원한다면 아래 처치 스쿨 입학 정보 사이트를 참고하기를 바란다.

또한 거주 비자(ID카드)를 가지고 있으면 몰타 내 공립학교에 보낼 수 있다. 학비가 저렴하지만, 몰타 아이들이 대부분이라

몰티즈를 주로 사용한다고 하니 영어가 목적이라면 굳이 보낼 이유가 없는 듯하다.

한국으로 돌아온 후 블로그를 통해 많은 사람이 나에게 몰타 일 년 살기에 대해 물어보았다. 아이와 함께 몰타에 가려고 준비하고 있다는 한 학부모에게 유학원에서 추천한 학교가 아닌 지인의 아이가 다니고 있는 학교를 추천했다. 처음에 입학이 불가능하다는 통보를 받았다며 실망하는 그녀에게 나는 포기하지 말고 꾸준히 학교에 메일을 보내보라고 조언했다. 목마른 사람이 우물을 파는 법이다. 어느 여름날 몰타에서 카톡이 왔다. 감사하다는 인사를 전하고 싶어 연락했다는 그녀. 학교와 끝까지 메일을 주고받으며 포기하지 않았더니 결국 아이의 합격 소식을 들었다고 했다. 만약 나의 조언이 아니었으면 벌써 포기했을지도 모른다며 도움을 주어 고맙다는 그녀의 카톡에 괜히 뿌듯함이 몰려왔다. 그저 몇 마디 말을 보탰을 뿐인데 누군가에게 큰 도움이 되었다니….

몰타에 다녀온 후 다짐했다. 몰타에 가려는 사람에게 조금이라도 도움이 되는 일을 하자고. 부족한 글이지만 몰타가 궁금한 누군가에게 내가 경험한 몰타를 조금이라도 알려주고 싶은 마음에 글을 쓰기 시작했고 마침표를 찍었다.

나란히 등교하는 모습만 봐도 좋았던 날

몰타 짐 싸기 팁

여행 가방에 들어가야 할 것들

고무장갑, 일회용 장갑, 크록스, 노트북, 볼펜, 다이슨 에어랩, 코인 육수, 국산 고춧가루, 아이들 네임스티커(영어), 수저(쇠젓가락), 전기장판(필수), 수면 잠옷, 진미채와 건어물, 경량 패딩(한겨울이라고 해도 낮 기온이 영상 15~20℃), 화장품, 방수밴드, 일반밴드, 샤워기 필터(몰타의 수돗물은 석회수로 마실 수 없으며 2~3주마다 필터를 갈아야 할 정도로 수질이 좋지 않으니 충분히 가져가기), 핸드폰 충전기 여러 개(몰타에서 공산품은 비싸고 품질이 좋지 않다), 모자, 선글라스, 상비약, 전자레인지용 플라스틱 용기(반찬통으로, 밥 냉동 용기로 너무 잘 씀), 멀티탭

여행 가방에서 쏙 빼야 할 것들

스케치북, 공책, 색연필 등 학용품-몰타에서도 다 구할 수 있으며 한국보다 비싸고 내구성도 떨어지지만, 굳이 수화물 비용을 추가하면서까지 무겁게 들고 올 이유가 없는 품목이다.
고추장, 불고기양념, 간장 등 한국 식료품-몰타에도 아시안 마트가 여러 곳 있다. 냉동식품부터 한국 양념, 배추, 쌀, 김치 등 다양한 식재료를 구할 수 있으므로 몰타에서 구할 수 없는 식재료만 한국에서 챙겨오면 된다.
아이들 옷-자라, 키아비 등에서 세일 할 때 구매하면 아주 싸게 살 수 있다. 몰타에서는 경량 패딩만으로도 충분히 겨울을 날 수 있지만, 만약 겨울에 유럽 여행 계획이 있다면 롱패딩 한 벌쯤은 가져가는 것이 좋다. 스포츠용품은 몰타에 있는 데카트론을 이용하면 된다.

유용한 사이트 목록

아이덴티티 몰타-몰타 비자국	identita.gov.mt
몰타교육부-사립학교 리스트	education.gov.mt/colleges
처치 스쿨 입학 정보	church.mt/archdiocese/church-schools
스포츠 몰타-각종 운동프로그램	sportmalta.mt
라이언에어-저가항공사	www.ryanair.com/mt/en
크루즈 토픽-크루즈 여행사	cruisetopic.com
비지트 몰타-몰타 여행 정보	www.visitmalta.com
외교부 해외 안전여행-솅겐 협약 정보	www.0404.go.kr/consulate/visa_treaty.jsp
몰타대학교 서머스쿨 정보	www.um.edu.mt/services/ces/ourservices/summerschool

에필로그

모든 도전에는 용기가 필요하다. 우리에게 몰타 일 년 살기는 도전이었다. 몰타에서 아이들도 나도 수많은 낯선 경험을 마주했다. 때로는 눈물 흘린 날도 있었고 함박웃음 지으며 빛나는 노을에 감동한 날도 수없이 많았다. 이제는 추억 속 한 페이지로 넘어가 버렸지만, 아이들도 나도 그때의 몰타를 떠올리면 여전히 웃음이 새어 나온다. 우리에게 몰타는 자연이 주는 선물과도 같았다. 아이들도 나도 지중해처럼 맑고 아름다운 친구를 몰타에서 만났다.

외국에 나가면 한국 사람과는 거리를 두겠다고 마음먹는 경우가 있다. 영어를 배우러 왔는데 굳이 외국에 와서 한국 사람과 친해질 이유가 없다고 대부분 생각한다. 나 역시 젊은 날에는 그런 마음으로 외국에 갔다. 아이와 함께 처음 몰타 일 년 살기를 떠났을 때 만해도 여전히 같은 마음이었다. 하지만 몰타 일 년 살기를 끝내고 한국으로 돌아왔을 때 내 곁에는 몰타에서 맺은 수많은 인연이 남았다. 그들이 살아내는 몰타의 하루는 나와 별반 다르지 않았고 아이에게 더 나은 일상을 선물하려 애쓰는 마음은 크기도 모양도 제각각이었지만 같은 방향으로 흘렀다. 그들 덕분에 아프고 힘들고 찬란하고 벅찼고 아름다웠던 몰타의 일상을 누릴 수 있었다. 산산이 부서지는 파도를 바라보며 아무것도 하지 않아도, 세상 이야기에 마음 쓰지 않아도 되는 시간 속에서 마음의 평화를 찾았다. 몰타의 사계절을 온전히 보낸 후 나는 비로소 나다워질 수 있었다고 생각한다.

몰타에 다녀온 후 아이들에게도 나에게도 많은 일이 있었다. 몰타에 갔을 때 초등학교 4학년이었던 큰아이는 자라서 어엿한 중학생이 되었다. 코앞에 있는 학교를 놔두고 전라도에 있는 한 자율중학교로 진학했다. 아이와 나에게는 도전이었다. 면접을 보고 합격이라는 문자를 받던 날 아이의 모습에서 성취의 기쁨을 보았다. 나에게는 아이를 기숙 중학교에 보낼 용기가 필요했고, 아이에게는 가족과 떨어져 낯선 환경에서 새로운 친구, 선생님과 지낼 용기가 필요했다. 중학교 입학 후 넉 달이라는 시간이 흘렀다. 아이에게 물었다. 과거로 돌아가더라도 같은 선택을 할 거냐고. 아이는 눈을 동그랗게 뜨며 말했다. 당연하지. 한 치의 망설임 없이 답하는 아이의 모습에서 우리의 선택이 옳았음을 확신할 수 있었다. 몰타 일 년 살기가 없었다면 아마 꿈꾸지 못했을 일인지도 모른다.

나의 일상도 몰타에 다녀오기 전과 후로 확연히 달라졌다. 내 삶 속으로 글쓰기가 불쑥 들어왔다. 내 안에 품고 있는 이야기를 어떻게 글로 풀어내야 하는지 몰랐다. 쓰기 위해 읽었고, 쓰기 위해 배웠다. 여전히 부족하지만, 글 쓸 용기를 얻었고 도전했다. 때로는 포기하고 싶은 마음이 들 때도 있었지만 비록 모자란 글일지라도 누군가에게 한 줄기 빛이 되기를 바라는 마음으로 『몰타 아는 사람, 손!』을 매듭지었다.

엄마로서 아이에게 보여주고 싶은 세상이 있다면, 망설이지 말고 도전하라고 말하고 싶다. 그곳이 어디든. 보고 듣는 모든 것이 낯설었던 몰타에서 아이들과 나는 크나큰 용기를 얻었다. 새로운 일상에 도전할 용기를.

2021년 여름이 끝날 무렵 몰타에 도착해 낯선 겨울을 보내고 2022년 긴 여름 한가운데에서 몰타와 이별했다. 바람이 불거나 비가 오는 날에도 우리는 바다를 찾았다. 몸으로 느낄 수 없는 바다였지만 보는 것만으로도 위로를 건네는 바다가 늘 우리를 기다리고 있었다. 하얗게 물보라를 일으키며 부서지는 파도 소리에 집중하고 있으면 부산했던 마음도 금세 잦아들었다. 셀 수 없이 보았던 말간 몰타의 바다와 인사했다.

이젠 안녕 몰타.

몰타 아는 사람, 손!
초등 두 아이와 몰타 일 년 살기 더하기 유럽 여행

초판 1쇄 인쇄 2024년 7월 28일

초판 1쇄 발행 2024년 8월 05일

지은이 | 비비
펴낸이 | 배은미
책임편집 | 김은철
편집 | 정세희, 박상미, 배은미
디자인 | 배은미
펴낸곳 | 글다락방
출판등록 | 제2023-000019
주소 | 인천광역시 연수구 랜드마크로 160
이메일 | vivimiya@naver.com
인스타그램 | @viviland365

ⓒ비비2024
ISBN | 979-11-988562-0-3 03920

이 책은 저작권법의 보호를 받는 저작물로 무단 전재, 복제, 배포를 금합니다.
잘못 만들어진 책은 구입처에서 교환해 드립니다.
책값은 뒤표지에 있습니다.